短阅读·长思考

新商业思维

总有一些观点让你茅塞顿开

刘国华 / 著

企业管理出版社
EMPH ENTERPRISE MANAGEMENT PUBLISHING HOUSE

图书在版编目（CIP）数据

新商业思维 / 刘国华著 . —北京：企业管理出版社，2017.10

ISBN 978-7-5164-1573-3

Ⅰ . ①新… Ⅱ . ①刘… Ⅲ . ①商业经营 Ⅳ . ① F713

中国版本图书馆 CIP 数据核字（2017）第 200777 号

书　　名：新商业思维

作　　者：刘国华

责任编辑：徐金凤　黄　爽

书　　号：ISBN 978-7-5164-1573-3

出版发行：企业管理出版社

地　　址：北京市海淀区紫竹院南路 17 号　　　　邮编：100048

网　　址：http://www.emph.cn

电　　话：编辑部（010）68701638　发行部（010）68701816

电子信箱：qyglcbs@emph.cn

印　　刷：三河市嘉科万达印刷厂

经　　销：新华书店

规　　格：145 毫米 ×210 毫米　32 开本　9 印张　165 千字

版　　次：2017 年 10 月第 1 版　　2017 年 10 月第 1 次印刷

定　　价：58.00 元

这本书是迄今为止耗费我时间最长的一本。整整一年，我几乎每天都在思考，每天都在增加或者调整一些对于商业的心得。

说是一年时间，其实又远远不止。我在本书的后面部分，提到一个故事：

> 毕加索在马路上碰到一个老太太，老太太很崇拜他，走上前对他说："我很喜欢你的画，但根本买不起。我知道你很忙，你就随便画两笔送给我做个纪念，可以吗？"
>
> 毕加索听后答应了。他拿出笔来，大概用了二十秒画了一个东西给了老太太。老太太谢了刚要

走，毕加索把她叫住说："放好，这画要值上百万的。"老太太大吃一惊说："你就用了二十秒钟能值这么多钱吗？"

毕加索说："不是二十秒，是五十年加二十秒。"

所以，一年完成的这本书，其实是把我十多年来对于商业的全部理解都在这里释放了出来。

这本书的诞生始于我的一次 MBA 课程，主要是讲授营销与品牌管理方面的内容。课程结束的时候，有同学私下跟我说："刘老师能不能开通一个个人公众号，有时间就写点文章，这样同学们以后还能继续跟您学习交流。"我想，这的确是一个很好的和同学们保持联系与沟通的方式。于是我当场答应，以后每周六给大家推送自己的一些新的商业思考。

于是在 2016 年 5 月，我开通了自己的微信公众号。一年以来，我坚持每周六推送一些碎片化的个人思考或者从他人那里学习到的东西，取名为"一周商业洞察"。自从开通公众号以来，这个栏目没有一期因为任何原因停止过，不论周六我在哪里，在何种场合。记得 2017 年春节我在日本，大年初一刚好是周六，白天从东京赶到京都，晚上和朋友家人喝得有些醉意。迷迷糊糊中我突然想起是周六推送的时间，于是离开小酒馆回到电脑前做了那期推送。

一开始的时候，我深知自己并没有很多时间写一些深度的分析文章，所以就把"短阅读、长思考"作为自己推文

"一周商业洞察"的方向。我把自己在看书中、旅途中、企业调研中、会议中，甚至课堂中等偶然想到的、得到的都记录下来，坚持每周推送 15 条，算下来每天差不多两条。

这种碎片化思考，一开始只是在学生和朋友们之间传阅。后来，我也慢慢推荐给了在做企业咨询过程中接触的一些管理人员阅读，朋友们也会推荐给身边的朋友，公众号的粉丝数每天都在缓慢增长，但始终还是属于朋友之间比较私下的交流。

后来有一些朋友，也有一些不认识的粉丝在后台留言，希望我把这些对于商业的洞察再分类、再升级，整理成册出版，成为一本枕边书，可以供在商业世界打拼的人士随时翻阅。

本来以为这是一件简单的事情，但是真正整理起来，并非易事。

一来，之前在写的时候并没有分类的意识，所以内容五花八门，除了商业方面，偶尔还会有一些历史、文化、社会方面的思考。现在一下要把几百个条目进行分类，着实耗费了我不少脑细胞。

二来，当初我在写这些文字的时候，觉得还是"至理名言"。但当我一个个改的时候，发现很多东西都有缺陷。这或许是因为自己在这个过程中获得了成长，抑或是当初思考的确就存在问题。所以，很多东西我还需要重新查阅资料去求证，根据最新的商业环境变化去完善。

刚开始整理时，我把修改得"花花绿绿"的样稿发给一位朋友看，他说了一句："你这是重写么？"是的，虽说这本书是"一周商业洞察"前 40 期的升级版和加强版，但是很多东西实际上是完全重写的。

一年过去了，回头看我这一年的坚持，再看这本重新整理后的小册子，我由衷感谢那些一直默默支持我、鼓励我的朋友。更重要的是，我自己的确从中收获了许多。

正如我在公众号后台留言说的："我不求这些个人的商业观察、思考有多大的传播，但求那些看到的人能有所得。我的角色，就是做那个安静传播个人思考的商业观察者。"

我写过不少财经类书籍，例如《网红经济》（2017）、《共享经济 2.0》（2016）、《雷军：乘势而为》（2016）、《反直觉询问》（2016）、《全方位体感式营销》（2015）、《品牌形象论》（2015），等等。但《新商业思维》这本书，却是我最希望让大家去阅读的，也肯定是更能让大家有所收获的一本书。我希望大家能把它当作案头常翻的一本书。

如今是互联网信息爆炸的时代，很多人每天都会面对海量的信息无从选择。这本书的初衷，是以最节省时间的方式，在千丝万缕的商业世界中找出最精华的细节，让读者在一小段文字的阅读中获得长久的思考。

人们评价一段相声或者小品好看时，往往会用"处处都是包袱"来说。而这本书，其实每一小段都是这种"包袱"，任何忽略掉的细节，都可能包含对你有意义的启示。

如果你是一个商业上的实践者、研究者，抑或者学生，都可以拿起这本书翻一翻，我相信对你绝对不是一件坏事。

这是《新商业思维》的第一辑，我希望接下来，每年能推出一本。

我会坚持，希望你也会。

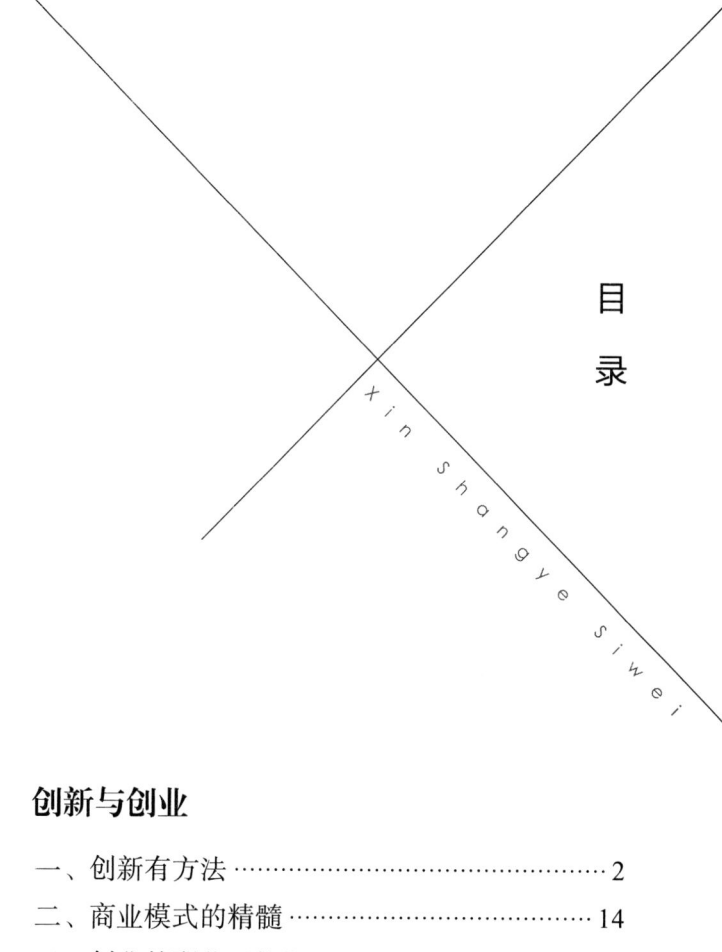

目 录

第一章 创新与创业

Xin shangye siwei

创新是以新颖的方法解决问题的过程，通过突破常规思维的界限，以超常规甚至反常规的方法、视角去思考问题，提出与众不同的解决方案。除了要把握时机，创业者更要对产业、市场、人性、科技、历史等有非常深刻的理解。

现在是一个"大众创业，万众创新"的时代。但是创新与创业，真的就像是在漆黑的夜里，独自开车行驶在一条路上。前面等待你的可能是坑甚至是悬崖，只有勇敢而智慧的人能够看到黎明的太阳。

创新与创业是一场修行，是一次真正认识自己和周遭世界的机会。

一、创新有方法

"中国式创新"似乎一直带有明显的"山寨"标签，"模仿"成为很多企业在创新时的基本方法。很多人把这种做法归结于成长中的必经之路，为自己开脱。这与当初日本电子工业、汽车工业起步阶段的模仿不同，他们往往是在模仿的基础上做得更好，甚至完全换掉了产品的"内核"，而我们很多时候的"创新"仅仅是换了一层产品的"外衣"。

其实对于创新而言，除了模仿这种最直接的捷径，我们还有很多可以参考的方法。

1. 车库为何是创新重地

全球很多著名公司，比如苹果、谷歌、哈雷、亚马逊、惠普、Facebook 等，都是从车库或宿舍之类不起眼的地方起家的。为何车库这类地方会成为创新的重地呢？一种可能的解释是：车库是存在于传统的工作或研究空间之外的地方，车库内生产的内容往往由车库主人五花八门的爱好所决定。在车库里，创业者可以天马行空、自由表达和实现自己的想法。但是，一旦回到传统的办公室或者正式工作场所，创业者就很难抛弃一些固定的思维，并难以避免地考虑各种别人抛给他们的旧概念。

2. 从词性里找到创新的思路

创新往往可以通过"形容词 + 名词"得到启发，比如"马车"这个交通工具如何创新呢？可以写成"更舒适快捷的马车"。这样一来，就会为了让马车变得更加舒服，而进行马车的改进，于是就有了汽车、飞机、动车的出现。因此，在创新方向上应该多关注形容词部分。如果一个公司总是关注名词部分，那么往往就会陆陆续续退出历史舞台。当然，在创新方案的落地上，应该把注意力放在名词上，不能虚无缥缈。

3. 创新的"懒"字诀

在一场智能家居的分享会中，我发现一个不可忽视的创新问题：很多智能家居的产品创新，不是在简化生活而是在复杂化生活。比如一个智能的水杯，喝水还得安装一个 APP，将一个简单的喝水过程复杂化。由此，基本可以推断这就是一个尝完鲜后马上就会丢弃的产品。我对智能产品创新的一个基本判断是：该智能产品是增加了比日常生活更多的操作步骤还是减少了？操作步骤减少了，才可能取得成功。原因很简单，用户行为习惯很难改变，即使用户为尝鲜买了复杂的产品，也不会坚持用，且还会跟周边的人抱怨。这种负面的感受会一层层往下传递，导致市场的萎缩。

著名的《快公司》杂志有一篇文章谈到，懒惰是预测未来发展趋势的最佳方式。在产品设计中，永远要记住一点：
如何让用户更懒？

4. 周边创新

很多小公司觉得产品创新很难，只有大公司才能干，所
以就选择了一味模仿的路线，最终短期生存，长期乏力。其
实产品创新，不一定都是搞发明创造，小公司创新的最佳方
法是在产品的周边实现创新。比如，我们可以在品牌相关性
方面做出有概念区隔的子品类，如酸梅味的果汁。

5. 从被吐槽的事情里发现商机

在美国，做个普通的咽喉炎检查也要先预约再候诊，确
诊之后还要开处方药，整个流程很烦琐，在医院里等看病的
时候都很不耐烦。这时，美国最大的零售药房西维斯（CVS
Caremark）就抓住了这个机会，在零售药房里开设了小诊所
服务。这样一来，普通的病不用预约或等很长时间，患者在
药店里面直接就能开药，服务也很周到。

6. 混乱或许成就了苹果的早期创新

前苹果工程师 Bob Burrough 说，iPhone 的发明在某
种程度上要归功于乔布斯时代的"混乱"。在 2007 年的时
候，苹果在组织架构上十分混乱。作为苹果的工程师，Bob

Burrough 前两年做的工作与职位的核心职责几乎没有任何关系。那时乔布斯崇尚的是项目优先,而非组织优先。无论什么职位,每个人都要为解决问题贡献所能。这种方式是狂野的,同时又是有效的,因为你做的所有事将对产品产生最大化的影响。

7. 混乱与创造力

研究表明,一定程度的混乱能够激发我们的创造力。在很多人心中,富兰克林可以说是神一般存在的人物,几乎在各个领域神出鬼没,极具创造力。他自己做过这样的实验:为了让自己进步,他在年轻的时候列了诸如勤奋、正义、冷静、克制等 13 种品质,然后把这些品质记在笔记本上,如果遇到事情没有做到这些品质,他就在做不到的地方涂上一个黑点。随着年岁的增长,很多品质都做得越来越好,笔记本上的黑点越来越少。这个方法富兰克林坚持用了一辈子,效果也很好,他一生也取得了巨大成就。有意思的是,他列举的品质中有一个是"整齐",意思就是让物品各就其位。唯独这条,他怎么也做不到。试想,如果他把这条做到了,他能有那么大的成就吗?或许。

8. 内向与创造力

加州大学伯克利分校的研究人员做过一项测试发现:那

些创造力更强的人往往在社交活动中扮演内向者的角色，虽然具有人际交往的技能，却不具备热衷社交的性格。这不是说内向者比外向者更富有创造力，而是说在那些一生都创造力不竭的人当中，你会找到很多内向者。

对于内向者的创造力优势，心理学大师汉斯·艾森克有个解释是：内向者会全神贯注于手头的任务，防止一切与工作无关的社交和两性问题的干扰。换句话说，如果你在后院的苹果树下坐着，而其他人在院子里举杯畅饮，那你就更有可能成为被苹果砸中的那个牛顿。

9. Zara 的设计师自主权

在全球的服装业，很多昔日的大品牌这两年都遭遇互联网的夹击，但是服装巨头 Zara 却能逆势而为，主要的原因之一可能是：他们给了设计师团队极大的自主权。Zara 的设计师团队里没有首席设计师，也几乎没有明显的层级，每个人都有发言权，这与 Gap、H&M 等竞争对手非常不同。Zara 旗下的三四百名设计师，在批准产品和推广方案时都享有很大的自主权，俨然是一个产品经理。这在一定程度上，让产品和市场实现了更好的对接。

10. 美国安快银行的创新

马云曾说："不是实体经济不行了，是你的实体经济不行了。"世界上不存在平庸或过时的行业，只有平庸或过时的经营手段。美国安快银行（Umpqua Bank）起步时是一家小型社区银行，到 1994 年时只有 5 家分行，资产不过 1.4 亿美元。CEO 雷·戴维斯（Ray Davis）接任后，安快银行如今有 300 家分行，资产达到 250 亿美元。雷·戴维斯和同事为用户创造了一种全美银行业最独特的零售体验，即在银行里面举办读书俱乐部和瑜伽课，并提供咖啡和巧克力，邀请商家开设快闪店。这样一来，安快银行摇身变成了当地企业和民间团体的聚集中心。通过这种方式，安快银行与客户建立起了远超"处理简单交易"的伙伴关系。

11. 跳出创新思维的局限

一个故事的启发：有一位富豪到华尔街银行借 5000 美元贷款，借期两周，银行贷款须有抵押，富豪用停在门口的劳斯莱斯做抵押。银行职员将他的劳斯莱斯停在地下车库里，然后借给富豪 5000 美元。两周后，富豪来还钱，利息仅 15 美元。银行职员发现富豪账上有几百万元，问为啥还要借钱，富豪说："15 美元两周的停车费，在华尔街是永远找不到的。"所以，创新时要记得把自己从一个注意点里面跳出来。

12. 从工具思维到玩具思维

苹果创始人乔布斯率先把 IT 公司一板一眼、技术参数满天飞的发布会变成了悬念密布的演出秀，甚至成了全球 IT 界发布新产品的标准范式（比如雷军的发布会如出一辙）。苹果手机的成功，标志着商业趋势从工具思维到玩具思维的转变。

工具思维、玩具思维是什么意思呢？工具思维是基于理性的实用主义，主要是满足消费者的基本功能性需求，这是好的地方，但缺点是忽视了消费者的情感反馈。而玩具思维是在满足基本功能性需求之外，赋予消费者感官刺激和情感享受，提供给消费者好玩、有趣、时尚、炫酷等情感满足。

如果工具思维对应的消费者是"用户"，那玩具思维对应的消费者就可以称为"玩家"。但是"用户"和"玩家"两个称呼，代表着两种完全不同的消费心理模式。前者是价格敏感，而情感不敏感；后者是情感敏感，而价格不敏感。所以，后者的盈利能力要远超前者。

13. 逃离"系统正当性"获创新

创新意味着要通过拒绝接受默认选项，去探索是不是存在一种更好的选择。但在现实生活中，拒绝接受默认选项太需要勇气，很多人还是选择了默认选项。政治心理学家约翰·约斯特提出了一个"系统正当性理论"来解释这个现象，意思是说即使现状违背了自己的个人利益，人们也更倾向于认为现状是合理的。而且，越是弱势群体，倾向于维持现状的比例越高，这个现象可以理解为是一种自我保护机制。但是如果要创新，就要打破这种"系统正当性"，认为它是"不正当"的。

14. 从培养生态获得创新

这一点，我们从斯坦福商学院的招生生态中获得启示。该商学院作为世界一流的商学院，在前提是成绩都很不错的基础上录取四种人：

第一类是优等生，这个占招生总数的 50%～60%；第二类是特长很突出的学生，占 5%～15%；第三类是提供多样性的人，占招生总数的 25% 左右；第四类称为"黑暗料理"，占 5% 左右，包括来自特别有钱的家庭，有特殊经历的人，等等。

斯坦福商学院的这种招生生态，实际上提供了一种构建创新体系的模式：50%～60% 的稳定性，5%～15% 的专业性，25% 的多样性，5% 的催发剂。稳定性保证生存，专业性保证突破，多样性带来扰动，催发剂激活灵感。也就是说，一个创新的体系是要在一定稳定性得以保证生存的前提下，通过多样性的扰动带来新的视野和突破口，再运用专业性的能力实现突破，最终形成可持续的创新。

15. 公司为创新设立免死金牌

吉姆·唐纳德在 2012 年 2 月出任美国连锁酒店长住酒店集团（Extended Stay）CEO 后，他立刻发现：经历了此前公司破产和被收购后，该公司的员工们非常害怕丢掉工作。这种恐惧限制了他们的创新思维和井外思维（think outside the box），如果两种思维不培养起来，公司就无法摆脱当时的财务困境。

为了鼓励员工敢于想象和实施大胆的想法，吉姆·唐纳德给近万名员工每人发放了一张"免死金牌"：当员工为公司豁出去时，即使失败，也可免于受到责罚。不久后，使用"免死金牌"的人渐渐多了起来，员工规避风险的心态得到改变。

16. 酒店创新：变成目的地而不是驿站

长期以来，酒店都被认为是在出行中的一个伴生产品。也就是说，酒店是旅游、商业的一个配套，配角而非主角。一般认为，没有旅游、没有商业的地方，就没有酒店。但是如果我们转变一下思维：酒店为何一定要依托旅游和商业而存在呢？酒店本身不能成为一个旅行的理由吗？也就是说，把酒店直接演变成目的地，而不是伴生产品。现在一些民俗、艺术、情侣等酒店类型的兴起，就是直接把酒店变成目的地。如果你也在做伴生产品，是不是也可以做一下这方面的尝试呢？

17. 被忽略的汽车创新

对于汽车保险而言，一个几年不出事故的人和一年出几次事故的人，保险价格上差不了多少（一些保险公司针对好司机有一定折扣，但是额度非常有限），这合理吗？

如果保险公司可以在车内安装设备，收集实时的客户价值行为数据，把驾驶速度、驾驶里程，以及驾驶过程中表现出来的安全性，包括急刹车、突然加速、急转弯，夜间和高峰等表现进行分析，由此得出风险用户和安全用户，再分类别定价，价格的差别性就出来了，满意度会大大提高，甚至会整体提升驾驶技术。

如果有第三方公司抢占这个市场，把这个设备安装到了每个汽车身上，那么这个流量入口的商业价值就会很大。如果再把社交、"好司机竞赛"等元素加进去，那么用户黏性和流量就会更大，商业价值也就更大。

18. 从标准化里也能获得创新的空间

在丰田，出现问题时询问的第一个问题是"有没有按照标准化执行"。他们公司的管理者发现，这个提问其实可以解决大部分情况的问题。与此同时，更为重要的是这也给真正有创意的分析留出了时间与空间。

19. 创新可能来自习惯别人的否定

在一些以创新闻名的公司，如苹果，创意能变成产品的比例也相当低。面对各种创意，乔布斯认为要保持说"不"

的能力，除非产品真的无可挑剔。有人当然会感到沮丧，觉得"我拥有世界上最好的创意，但是大家老是否决我的提议"。创意和商业化的距离还有很长一段路，所以乔布斯面对创意，提倡"持续说不，直到满意"。

20. 创新的四个阶段

创新的方法一直在进化，总体来说走过了几个阶段：首先是自上而下的颠覆式创新，完全由大企业掌控创新权力，目前世界上那些传统的超大型企业往往都是如此；其次是自下而上的颠覆式创新，小个体开始寻求突破，很多目前巨大的互联网企业诞生于这一阶段；之后，称之为侧面包抄式创新，跨界思维开始盛行，各种企业、产业联合开始出现；到了现在，我们进入了大爆炸式创新，就如 Uber、Airbnb、滴滴、摩拜单车、ofo 单车等，似乎都是一夜间成为超大的企业。

21. 创造力的公式

清华大学经管学院院长钱颖一教授提出一个假说：创造力等于知识乘以好奇心和想象力（creativity = knowledge × curiosity&imagination）。按照他的这个公式可以看出，随着受教育时间的增加，知识可能越来越多，但好奇心和想象力却会受到削弱。

22. 中国企业的创新之路

2017 年 1 月 9 日《人民日报》有一个报道：尽管中国拥有 3000 多家制笔企业、20 多万从业者，年产圆珠笔将近 400 亿支，但是圆珠笔笔头却一直需要进口。生产圆珠笔笔头的不锈钢材料，价格为每吨 12 万元，中国每年要进口 1000 多吨。生产一个圆珠笔笔头需要 20 多道工序，加工精度达到千分之一毫米的数量级。中国从 2011 年开启这一重点项目的攻关，一直到 2016 年 9 月，山西太钢集团才终于冶炼出可以用来做笔头的不锈钢钢丝，直径为 2.3 毫米。

中国的创新之路，还需时日，不能盲目自信。

23. 以色列创新能力的一组数据

以色列现在人口仍然不到 800 万，只是上海人口总数的 1/3，国土面积比北京市还小。但是这个小国家，拥有 3.8 万名科学家，高科技部门贡献了总就业的 10%、经济总量的 15%，以及出口的 50%。该国研发经费占 GDP 的 4.2%，雄踞全球第一。得过诺贝尔奖的犹太人，包括国内和国外达到 165 人，占诺贝尔奖得主的 20%。

以色列在教育方面有一个小细节——所有犹太人从小开始都要接受两本书的教育：一本是希伯来文的《圣经》，还有一本叫《塔木德》。后者是两千年来，世世代代杰出的拉比

（犹太民族中阶层）阐释希伯来文的《圣经》的思想集合（共 250 万字），里面记录了大量民间智慧、民间故事。

二、商业模式的精髓

商业模式成为这几年炙手可热的概念。对于商业模式的理解，很多人都有自己的方式，有人说："商业模式就是盈利模式，怎么赚钱的模式。"也有人说："商业模式就是运营模式，怎么运营好一个产品，怎么给用户更好的服务等。"罗素·托马斯认为商业模式是开办一项有利可图的业务，是涉及流程、客户、供应商、渠道、资源和能力的总体构造。哈佛大学助理教授亨利·切斯布鲁和理查德·罗森布鲁姆认为，商业模式是反映企业商业活动的价值创造、价值提供和价值分配等活动的一种架构。

有需求，没解决方案，是痴人说梦；有解决方案，不能形成产品和服务，是望梅止渴；有产品，没商业模式，就是隔靴搔痒。对于很多创业者而言，搞清楚商业模式的内核是非常必要的，等于为企业的发展确定了底层的基座。

1. 商业模式的进化本质

商业模式进化的过程，在一定程度上可以看成是资源向价值转化的过程，而在这个过程中伴随着效率的不断提升。所以，寻找好的商业模式就是寻找一条提高转化效率的路子，这是商业模式进化的核心方向。

如果要创业，你首先要找到目标用户，看看他们之前是如何满足自己需求的，然后把你的新商业模式和原来的旧商业模式做对比。如果你的商业模式提高了资源向价值的转化效率，那你的创新商业模式就是更好的。

另外，由于科技的发展使得工具不断进化，这也使得转化效率在不断提升，从而自动推动商业模式在不断进化。

2. 有魅力的商业模式具有三个特点

在互联网环境下，具有魅力的商业模式通常会有如下三个特征：一是随着使用者群体的不断放大，边际成本会不断下降；二是具备网络扩散效应，即如果多一个用户的关系链，它会自动往其周边扩散，从而带来用户数的几何增长；三是不受地域或区域的限制，甚至时间的限制。

3. 商业模式的内部结构

商业模式就内部结构而言，其本质就是利益相关者的交易结构。为了有效完成这个交易系统，需要定位、业务系统、关键资源能力、盈利模式、现金流结构等去支撑完成，这当中每一个支撑结构都影响着商业模式的创新和发展。

定位往往是商业模式创新的突破口，方向是那些需要解决的痛点和需求。

业务系统指的是实现一个好想法的一整套运行机制，这也是商业模式里的核心元素，否则想法和商业之间还是隔了很多层距离。苹果手机的成功，不仅仅是苹果本身这个产品好用，更重要的是它有一整套完善的运行机制。

简单来说，关键资源能力指的是能够提高企业效果和效率的特性，比如领导人、团队、股东结构，等等。

盈利模式是企业赚钱的来源和方式，而现金流结构是说，在运行产品的过程中的交易方式、支付流程乃至账期是否能够有效。

4. 即将到来的四大商业模式

商业模式一直在进化，站在 2017 年的时点来看，主要可能有四种模式：一是物联网及产业互联网相关的商业模式，万物互联、产业互联是必然趋势，在互联中找一个入口就有无限可能；二是与云计算相关的商业模式；三是与大数据相关的商业模式，未来的一切行为均为数据，由此自然会诞生诸多的跟数据相关的模式；四是与移动终端相关的商业模式，移动相对 PC 互联网来说，其想象力放大了很多倍，这里以后仍然有很多需要开发的商业空间。

5. 商业计划书要讲清楚的六件事

尽管我非常反对一些互联网公司做的事情既不是 to B，也不是 to C，而是 to VC，整天拿着商业计划书 PPT 到处讲故事，忽悠资本。但是对于很多诚心做事的企业来说，写好商业计划书，得到基本的资本协助还是很必要的。

一份好的商业计划书一般要讲清楚六件事，分别是：①我是谁（定位）？②我要做什么事（使命）？③为什么要做这件事（价值观）？④为什么是我而不是其他人做这件事（核心能力）？⑤怎么才能做到（商业模式）？⑥做到以后我会是什么样的公司（愿景）？

三、创业的那些"坑"

我们常说"失败是成功之母"，仿佛不经历几次失败就不足以谈创业。很多大学商学院因为常常教授"成功"案例，一度受到批评。而马云一手创办的湖畔大学确立了一个核心理念，就是教学员那些在企业经营中的"失败"。按照马云的说法，成功各有各的路径，几乎无法复制，而失败却大都相同。

我们没必要为了获得经历而不去避免失败。对于创业者而言，知道创业中的那些"坑"有助于更早取得成功，少走弯路。

1. 学会拒绝诱惑

创业者会面对很多诱惑,要么急于寻求资本,要么放弃业务寻求短期收益等。美国心理学家马塞尔·金斯伯恩曾提到一个动物界的现象:在密克罗尼亚的水域中有一种吃小鱼的大鱼,当住在洞中的小鱼出来觅食时,大鱼就去吃它们。但小鱼们也很聪明,大鱼刚准备开始吃时,小鱼会立刻退回洞中。怎么办呢?大鱼的做法是,当一群小鱼出现时,它不急着去吃,而是很快地游过去,用身体挡住洞口,小鱼无法立即退回洞口,这样大鱼就能从容进食了。

我们从中得到的启发是,为了实现一个好的商业想法,就不要急着采取容易、显而易见但无效的做法,给自己一些时间想出更好的办法。一个成功的商业模式是理智的跳跃,它往往是不断拒绝诱人的选择结果。

2. 企业上市太早并不是好事

公司核心业务没有特别稳固之前,太早上市会导致过早追求财报。很多公司上市后才理解什么叫被华尔街绑架,追求短期利益,把挣来的钱交给投资者,最后剩下一地鸡毛。

很多人没有抗拒诱惑,认为上市是成功的标志,选择了快速上市。结果上市以后,发现带来的压力非常大。上市无所谓早晚,影响你的不是上市与否,而是自己的心态。

3. 过早上市终结了扩张的野心

集富有限公司是日本历史最悠久、规模最大的投资机构，投资了近 4000 家公司，包括软银、无印良品的母公司。集富有限公司的 CEO 丰贵绅一在一次接受采访时说："日本比硅谷落后了大约 25 年，原因是日本企业家过早地放弃了他们的雄心抱负，让企业过早上市。"发现这一点后，集富调整的投资策略就是降低投资企业数量，提高投资金额，让这些初创企业能保持长时间不受干扰的状态。

4. 无钱创业与成功

对于创业者来讲，只有没有拿到钱，还觉得能够把这个事做起来的时候，这个事情才是靠谱的。如果总是抱着找 VC（Venture Capital，风险投资），有这个钱才能干事情，那基本上你的创业项目就很难成功。套用一句话说："靠钱才能做的事，那都不是事。"

5. 创业不能只关注高大上

很多创业者容易陷入这样的思维误区：只关注高大上的东西，以为只有满足了精英阶层的需求才能成功，忽视了底层的需求。

社会精英阶层长期生活在小圈子里，把自己的小世界当成了世界的全貌，然后主动忽视甚至有意回避一些显而易见的事实。比如说，在 2016 年中国手机市场上，OPPO 和 VIVO 手机占据了前两位，让很多投资者觉得惊讶。其实这两个品牌前些年在三四线城市已经有很好的销路，只不过它们的商业模式是传统广告结合线下门店，影响力不在精英阶层的视野里。还有"快手"这类直播 APP，在底层有着巨大的流量，却被很多互联网大佬忽略，发现时眼珠子都要掉下来了。

6. 顶住"傻帽窗口"期

创业者一定要耐得住寂寞，很多创业者刚创业时，都会有一个被很多人不看好的阶段，这段时间可以称之为"傻帽窗口"期。在这一段时间里，周边的人都觉得你的商业模式非常不靠谱，未来没前途。甚至有些人会在背后笑你是傻帽，做着一个明知没有前途的糊涂事。这段时间，创业者要沉下心来，找各种机会去积累用户、不断试错，并创造出一定的竞争壁垒。英雄闪耀时，人们才会反过来看你的当初也照样是非比寻常。

7. 学习那些伟大公司的早期

不要以为那些伟大公司一开始就是伟大的，或许他们早期比你创业时更惨。了解他们是如何走出来的，才是你应该好好去学习的。比如早期的谷歌就跟今天的创业公司一样,很难招到优秀的人。那时候,恰恰是那些并非"最优秀"的人,带领谷歌获得了爆发性的成功。因为谷歌获得了成功,后来才吸引了越来越多优秀的人。马云曾经开玩笑说,"早期的阿里巴巴去招人,基本上街上只要是看到能走路,不是残疾的人就招了。"

因此,你要学微软,就要学 30 年前的微软;学苹果,就要学 1997 年的苹果;学谷歌,就要学刚刚创业时的谷歌,那种艰难下的成功才是真正的成功。

8. 创业精神的五个误区

著名杂志《经济学人》曾在一篇文章中谈到了人们对创业精神存在五个理解误区,我这里适度解读一下:

第一个误区是创业者都是孤独者。人们认为,创业者往往是独自与充满敌意的世界抗衡的巨人或者是在阁楼里发明改变世界、反社会技术的怪杰。但事实上,创业者可能只是比普通的企业人士更有主见以及更加自恋而已。

第二个误区是认为大多数创业者都是年轻人。但事实上,也有很多年长的创业者,他们可能经验更为丰富,能调动的资源也更多。像中国的任正非、柳传志、宗庆后、马云等这些人,创业的时间都很晚,这并不妨碍他们的成功。

第三个误区是创业精神主要是靠风险资本推动的。事实上,大多数新创企业是通过个人举债筹集资金的。比如,谷歌在拿到风险投资之前，两位创始人拉里佩奇和谢尔盖布林为启动公司已经从亲戚朋友处募集了 100 万美元。

第四个误区是创业者必须设计出改变世界的新产品，事实上那些最成功的创业者注重的是流程，注重的可能是小创新。

第五个误区是创业精神与大公司不兼容，必须离开大公司才能实现创新。但许多大公司通过各种方式也在维持创业精神，比如谷歌、3M 等公司仍然在源源不断的推出创新产品。

9. 创业的浮夸

2015—2016 年是这些年来，中国创业浪潮最凶猛的两年，很多学生都在教室里面坐不住了。这两年，中国一共涌现出了 2 万～ 3 万个创业孵化机构（名字有的叫咖啡、空间、工场等），但是大部分是在双创口号下充当了"二房东"的角色，靠政府补贴过日子，跟真正的创新创业关系不大。而在这些孵化机构中的企业，挂羊头卖狗肉者不计其数。来一波，去一波，渐行渐远。

四、发现创业的风口

自小米的雷军提出"风口上的猪"以来，"风口"成为创业者、投资机构口里的热词。我曾给雷军写过一本书《雷军：乘势而为》，里面详细展示了他的"风口论"。简单而言，就是找到符合时代的需求，就能事半功倍，更快获得成功，否则事倍功半。"顺势而为"一度成为雷军口中出现频次最高的词，之后雷军创立的投资公司"顺为资本"便由此而来。

尽管这世界没有轻轻松松的成功，但是找到"风口"的的确确能为创业者带来快速成功的可能性。

1. 发现创业的风口

在个人看来，寻找创业的风口主要有四个视角：

一是观察消费者遇到了什么问题，帮助他们解决问题就是机会。

二是观察消费者的时间流向，看他们正在把时间流向哪里，哪里就是机会。

三是看创业者们一窝蜂在做什么，那里肯定有机会，无奈就是竞争者多。如果你能在这里找细分垂直领域，做精耕，那么这里就是机会。

四是看国外的创业者，尤其是发达国家的创业者在做什么，然后根据中国的实际情况，将其改造过来，也是你的创业机会。

2. 用户小痛点是不错的创业方向

马化腾在 2016 年出席一个公开活动时说过一段话，或许对你有启发。他说："我每个礼拜都会收到一些创业者的信件说，我可以帮你实现什么。在我看来，这些人都想得太大了。我的建议是想小一点，解决一个小问题。总有一些小的痛点让你觉得平时不方便的，想想能不能解决这个问题，你的机会反而大。"

马化腾说的创业也不需要太多人，也许一个人、两个人就可以解决问题。当你的这个想法能够通过互联网来验证时，再逐渐扩大。小痛点，大生意。

3. 小企业在"正宗"上的机会

美国斯坦福大学商学院几位教授在 2016 年做了一项实验，该研究表明：小企业的产品或者服务更容易被消费者挂上"正宗"的标签。

这个结论给我们两点商业启示：一是小企业在无法与大企业正面竞争的情况下，应该在"正宗"的内容上多做文章；二是大企业不应该自傲为大，也应该推出一些基于当地的正宗产品，或者收购正宗产品。

这一点，我们从啤酒行业可以略知一二。尽管青岛、百威等赫赫有名，但是在任何区域市场中，消费最多的还是当地的"正宗"啤酒。

4. 亚马逊式的创业

1994 年真是令人无比神往的一年。那一年，整个互联网的流量是前一年的 2000 倍。当时的微软公司，甚至连公司主页都没有。而当时已经在华尔街工作，有一份高薪的杰夫·贝佐斯，决定辞职创办电子商务公司。亲朋们劝他等到年底再辞职，因为会有一份很高的年终奖，但是贝佐斯已经等不了了。他给公司起名为"亚马逊"，因为"亚马逊河能把其他所有河流挤压干净"。

1995 年，亚马逊正式在网上卖书。那时候微软还没有推出 IE 浏览器。贝佐斯宣称，亚马逊的书价格保证比传统书店便宜。亚马逊有超过 100 万本书可供选择，如果你对一本书不满意，亚马逊可以不问问题立即给你退货。但实际上，贝佐斯当时还根本不知道怎么兑现这些承诺，他打算干起来再说。

亚马逊上线第一周，销售额就达到了 14000 美元，可是公司人手有限，只发送了八百多美元的货。所有人都疲惫不堪，全体吃住在公司。就在这时候，雅虎总裁杨致远给贝佐斯发了个电子邮件，问他是否愿意把亚马逊网站列在雅虎主页上。贝佐斯的计算机工程师吓坏了，说亚马逊根本吃不消那么大的流量，如果贝佐斯答应，就等于是拿消防水管喝水，但贝佐斯出乎意料地答应了。

亚马逊式的创业，总是在自己没准备好，甚至可以说是根本就没准备的情况下，见到机会就马上行动。

5. 未来中国互联网的创业机会

企鹅智酷联合李开复等 63 位互联网领袖在 2016 年年底发布过一份预测十大行业兴衰的必读指南，叫《"分水岭"大时代》。里面预测了未来中国互联网创业的三种机会：出海、下乡、青春经济和白发经济，翻译过来就是开拓国外市场、农村市场、年轻人及老年人市场。

6. 垂直市场的创业机会

很多时候，不是我们没有了创业机会，而是我们太看重全局市场，太想做大生意了。这里有一个值得创业者学习的例子就是网易严选。网易严选这两年异军突起，说明电商公司如果更深入供应链，仍然有可能在一个有巨头盘踞的行业找到机会。不同于之前的淘宝和京东，网易严选抓的是消费升级的机会，把中国制造业中那些有制造能力但是没有品牌的公司发掘出来。网易严选在 2016 年 4 月上线，8 月时的流水就超过了 5000 万。

7. 短视频的机会

视频已渗透到全部场景，除了 8 小时睡觉时间外，一个人可以利用一切碎片时间、空间与观众互动。内容创业的下一个风口可能是短视频，以"今日头条"的视频播放威力，

2016 年每天有 10 亿次播放，其中 74% 的视频在 5 分钟以内，93% 的视频在 10 分钟以内。

8. 创业进入某个领域的时机

经常有一些人问我，现在是不是可以进入 AR/VR 领域创业了？回答这个问题前，建议你先看一下身边的人。你会发现，人们用 AR/VR 的可能 1% 不到，离爆发期还很远，这个时候对于中小创业者来说，进入就太早了。一般而言，对于投资者来说，渗透率到 15% 以后可以开始投，对创业者来说至少到 5% ～ 10% 创业才有机会。

9. 看清楚是不是真的蓝海机会

对于很多新创业者而言，往往会激动于发现一个新的、没人做的创业领域，以为自己找到了一片很有商业前景的蓝海。在做决定之前，我建议你想清楚一个问题：一片蓝海没人进，为什么？说明很难，或者时机不成熟。否则别人为什么没有发现呢？这个时候，请暂时收起你的激动，仔细思考一下为什么。

五、成功创业者的特质

一些投资人跟我讲，他们去找投资项目，除了看商业模式、产品等外，还会对创始人及团队进行非常细致的考量。甚至一些投资人，会把创业者的特质当作最重要的指标，所谓"投资就是投人"。

我们在一些实际的考察中也发现，一些取得成功的创业者身上的确带着一些特质。我们不得不承认，有的人适合做创业者，而有的人更适合做跟随者。

1. 差等生为何创业容易成功

有一个研究，分析了为什么在商业上差等生比优等生更容易成功。他们发现，人不可能每件事都成功，商业上的成功是要靠运气的，说到底就是概率。试的次数越多，成功的可能性就越大。但失败不是谁都能承受的，优等生对失败更敏感。可能失败一次，就不想再尝试了。但是差等生不一样，他们从小就习惯失败。对他们来说，失败是正常的，万一成功了就赚大了。所以他们愿意不断地去试，试得多了，自然离成功就近了。

2. 未来的创业者更多的都是科学家型

移动互联网时代，任何没有基础的年轻人都可以创业，卖一双鞋垫都可以做成全球的生意。但是一旦进入人工智能时代，创业可能就不行了。你没有巨大的机器，没有顶尖的科学家，可能就干不了事情。所以说，人工智能时代是科学家的创业时代，不是低知者的创业时代。

在这个前提下，有两种人能做人工智能方面的创业：第一种是有互联网用户数据的（比如 BAT），这些数据只要有科学家对接就可以产生价值；第二种是传统企业，比如保险业、银行业等，这些垂直领域内的数据非常丰富，也能快速产生商业价值。

3. 合伙人的构成

根据美国某调研机构的数据，近四成的创业公司有 2 名合伙人，还有 1/4 的公司有 3 名合伙人。而这些创始合伙人中，大部分都是同学或者最好的朋友，这样可以建立比较亲密的关系。所以，创业开始还是找同学、朋友靠谱，这也是世界性经验。

4. 美国移民企业的比例

截至 2016 年，美国估值超过 10 亿美元的初创企业中，超过半数是由移民企业家创办的，包括 Uber、Palantir 以及特斯拉等公司。或许你会发现，其实在很多城市中做企业做得好的，大部分都是外来者。从这点来说，一些城市采取的各种政策限制外来者的做法，是十分有问题的。

5. 不同城市企业创始人的差别

孵化器创新谷创始人朱波在 2016 年全球移动互联网峰会

上说，北京、上海、广州、深圳、杭州这五个城市的创始人特点有明显不同：

北京的创始人喜欢讲故事，什么都没有，都能讲出一个宏大的故事来，能够站在全国的角度看全国的市场怎么样；上海的创始人喜欢从商业模式上去打磨；广州是一个强调生活情趣和服务的地方，服务意识非常强，一旦公司建立，就能长期服务下去；深圳的创始人容易从 0 到 1 做起来；杭州由于受到阿里巴巴的影响，创始人的狼性特别重，团队执行力强。

6. 创业者的人格特质

一项研究表明，创业能不能成功，很大程度上要看创业者的人格特质。社会学把人格特质分成五种，分别是严谨、外向、开放、随和，以及神经质。统计发现，在严谨、外向和开放上得分高的人，创业更容易成功，而在随和、神经质方面得分高的人，创业成功的概率比较低。

7. 创业者的专注

很多创业企业在自己的第一个业务爬坡刚爬到一半，还有很多竞争对手的时候，就开始搞新业务。还有很多企业，在行业还有上升空间的时候，不是考虑把它做大，而是上一堆新项目。那些聪明、勤奋的企业家一定要警惕自己，不要盲目冒进，想法不要太多，否则很难成功。

8. 创业者要回答的三个问题

著名投资人徐小平说，他喜欢问创业者三个问题："一是用一句话清晰而强有力地告诉我，你在做什么；二是你有什么与众不同；三是你和你的团队与这件事的关系。"

今天的创业者，其实最主要的两点就是：第一你得是这个问题的解决者，第二你得是解决问题的参与者，而且是参与者里边的领导者。说得简单一点，你得是痛点的按摩师，还必须是按摩师里的头牌。

9. 创业者的灵活性

作为一个创业者，灵活性是非常重要的素质，绝对化的思维方式一定要摒弃。

10. 找比自己更优秀的人

各种各样的创业项目存活者寥寥无几，死亡有各种各样的客观原因，包括行业竞争、补贴残酷等，但最终还是创始人不行。很多创始人往往因为没有把风险和激进的发展匹配好，最后资金链断裂，再坚持也没有意义。如果再深挖，失败项目里很多都是创始人心胸狭窄，不能挖来比他们更加优秀的人。

11. 创业者的学习路径

按照李开复的说法："大公司希望员工在他狭窄的领域

把事情做得最好，我过去工作过的公司里，三个工程师的工作就是把按钮程序写好。如果你是一个真想把技术或某个领域做到极致的人，大公司适合你。你在伟大的'机器'里做一个重要的、专注的事情，但你是一颗很纯粹的'小螺丝'。如果你加入创业公司，因为公司太小了，你能了解用户、市场、产品、客户等各个层面"。我个人觉得，创业者的学习路径应该是：创业公司—大公司—创业。

12. 创业的七点经验

PPTV 创始人姚欣总结了创业成功的几点经验，供读者们参考：好的商业模式比融资更重要；短板理论不适用于创业公司，创业公司真正需要的是长板理论；创业者要冷静地按自己的节奏走；时机点比钱更重要；跟投资人要形成坦诚关系，加强沟通；不要一味迎合投资者和董事会；未来创业更多是合伙人模式，创业一路到最后没有朋友是非常可悲的事情。

13. 创业经历与工作满意度

一般而言，招聘具有创业经历的人，他们的工作满意度和收益都会高一些。加州大学伯克利分校金融学教授古斯塔沃·曼索利用美国劳工统计局的数据，分析了1979—2012年期间 500 多名美国人的收入情况，得出的结论是，"独立创过业的人，经济状况要优于没有独立创过业的人，那些创业超过两年的人，其收入最终会比同行高 10% ～ 20%"。沃顿商学院的研究说，"普通创业者无论成功与否，他们的职业满意度以及工作生活满意度均高于从未创过业的同行。"

14. 二十英里法则

很多创业者总是觉得，未来很难，目标很远。今天激动时，跑得很快，明天遇到困难都暂时休息几天。"二十英里法则"或许对你有一定的启发：

在美国西部大开发的时候，从东海岸到西海岸有两种走法。第一种走法，就是天气好我就多走一点，刮风下雨我就找个地方躲起来不走了。第二种走法是不管风和日丽还是刮风下雨，反正我每天走二十英里。结果是，第一种走法可能永远到不了，走一半就放弃了，每天走二十英里却是能最快到达彼岸的。这个对创业者或者对专心做产品而言，都有非常重要的启示。

六、传统企业的二次创业

这几年商业环境变化之快，令很多传统企业不知所措。很多传统企业的掌门人面对移动互联网、大数据、人工智能这些新鲜的词汇不知道如何下手，患上"焦虑症"的人不在少数。

创业很难，传统企业转型就是二次创业。相对于完全创业那种轻装上阵的潇洒，传统企业的二次创业可以说来得更加艰难。

1. 登山与冲浪

传统行业就像登山，一直努力往上走，就肯定能登上山顶。而互联网则像冲浪，你第一批没赶上就不是你的浪，你就得等下一波浪。各有优势，传统企业没必要都对互联网焦虑。

2. 传统大企业与互联网企业的区别

经常听到很多大企业一不小心衰落、破产的消息，尽管内心感到十分惋惜，但是我们更应该做的是总结失败的经验和教训。我个人总结了对老的大企业的几点认识，供读者们参考：

（1）很多大企业是在工业社会形成的，那时候坚固的组织框架便于高效的流水线生产产品，信息只需要层级间快速传播，所以执行力是这种组织成功的核心。但互联网正在分解组织层级，信息资源传递的方式不再是链条式，而是网状。大型组织在此点上极不适应。

（2）工业社会个体目标要依附组织去实现，人以螺丝钉的形式存在。而互联网出现后，个体成为资源的节点，组织目标要依附个人去实现，人成为真正的主体。传统组织的组织主体性都会受到挑战。

（3）今天的组织只要有足够的资源链接能力，可以短时间成为大型企业，可以更柔性地适应市场竞争和变化。传统大企业在柔性、动态、决策效率上都显得尴尬。

（4）大型企业的产生本质上是因为资源能内化后效率更高，成本更低，但是今天技术的变化使得很多外化的资源更有效率。大型企业改革的方向简单来说，就是分离掉那些内部效率低于外部效率的环节或者部门。

（5）今天跨界竞争比以往任何时候都来得容易，也更容易获得成长。传统的大企业在这点上显得固化和笨重，难于跨界，惧怕创新，甚至不给来自内部的创新机会。

3.大企业转型的困难

大企业和创业企业不同，创业的成长曲线基准点是从零开始，而大企业的转型与变革起始点大部分不是零，可能是负数。所以大企业在达到零这个基准点之前，还要对抗一条失速下滑的负价值曲线。这条曲线影响的不只是财务数字，还包括无形的信心和惯性。

4.传统企业的互联网转型本质

互联网企业和线下传统企业的竞争，本质上是高效和低效的竞争。所以，传统企业转型，本质上是效率转型，用好互联网工具提高各种效率。如果你发现互联网并不能提升你企业的效率，那就不必为了互联网而互联网。但事实上，互联网不能提升效率这件事，几乎不太可能。

5. 转型不是转行

很多企业转型走不通的原因是把转型理解成转行了。创新不是都需要跳到其他的行业去，不一定都要进入新兴行业。创新也不要求大家都去做高科技，都去做云计算、大数据。创新需要企业思考如何采用新技术来提高自己的效率，微创新也是创新。

6. 企业转型的做法

北京大学陈春花教授认为转型需要做好两件事：存量激活和增量成长。

存量，就是企业的传统业务，一定要激活，不能简单地砍掉。因为转型是在保留原有东西的基础上再做新东西，但保留的东西不能成为包袱，甚至还要释放空间让你去做新东西，这才叫作存量激活。而释放出来的空间，做出的新东西就是增量。

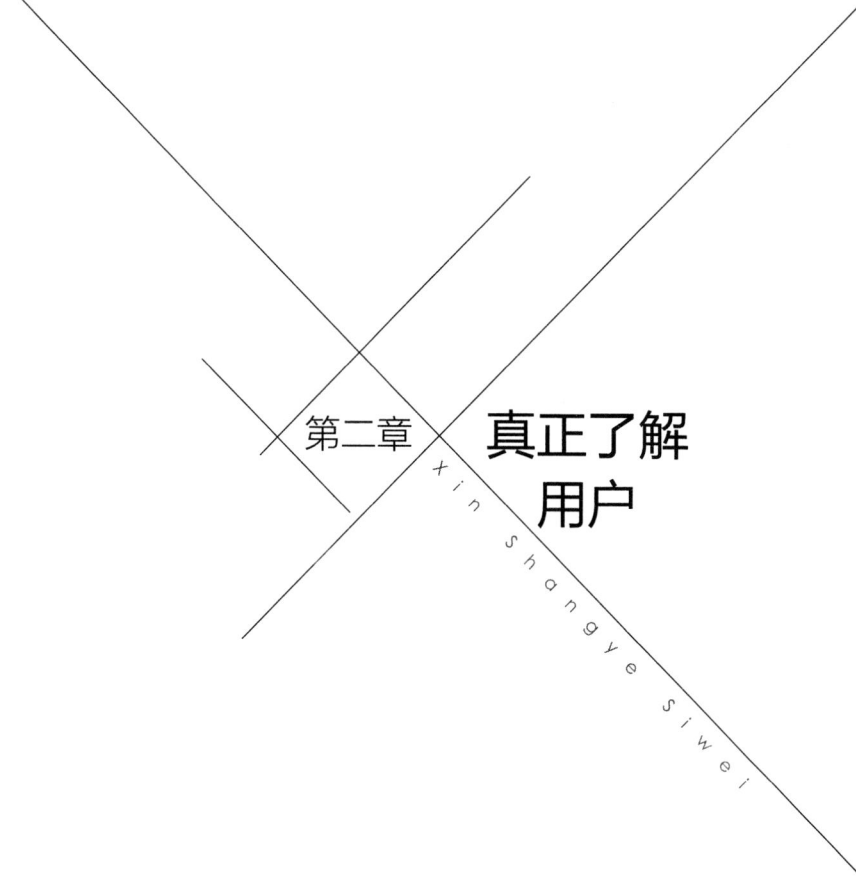

第二章　真正了解用户

Xin shangye siwei

　　任何商业的成功都是从洞察用户的需求开始的，这种需求包括潜在的需求和现实的需求。尽管有人说苹果手机的诞生是创造了需求，而不是用户本身有这种需求。事实上，这种说法只看到了苹果手机本身，而没有看到乔布斯通过苹果手机到底满足了用户的什么需求。

　　不可否认，商家对于了解用户还是非常重视的，甚至采用了各种调研的方法，花费大量的资金去雇用第三方调研机构去了解用户。可惜的是，我们很多了解用户的方法都是失效的。本章我们从各个层面跟大家聊聊如何才能真实地了解用户。

一、消费习惯不是想改就能改的

据说一个人一天的行为中，大约有 5% 是属于非习惯性的，大约有 95% 是属于习惯性的。认识这一点非常重要，它会让我们的商业活动避免很多错误的判断。一些新产品或者服务的推出之所以会失败，很大程度上都轻视了习惯的作用。

我们要记住非常重要的一点：消费习惯很难改变，如果没有足够的实力、雄厚的资金，就不要以为创造出了一个好的产品就能让消费者买单。

1. 产品创新与用户习惯

在产品创新中，很多开发者特别容易忽视用户习惯的力量。商家一定要明白：一旦之前的一种产品已经使用习惯，用户就需要很长时间才会知道你的新产品比别人好。比如 2005 年谷歌地图推出的时候，比另外一款地图产品好很多倍，而且当时谷歌地图在其首页还有一个导流入口。以谷歌巨大的用户数来说，在首页放一个链接的流量已经很大了。即使这样，谷歌地图还是用了好几年才超过对手。对于大多数人来说，用过去的地图用得已经成为习惯了。谷歌尚且如此，小公司要用好产品改变用户习惯就更难了。

2. 医院里的自动挂号机

我不止一次看到，医院即使有自动挂号机，大家还是习惯性去排队。你会看到，人工窗口人满为患，而自动挂号机器那里却冷冷清清。除了医院遇到这种情况，还有很多其他场景也经常出现类似的现象。这说明，要改变人的消费行为模式是非常难的。作为创业公司在考虑市场开发时需要特别注意，不要想在行为模式上去突然改变消费者，进行市场教育的成本是非常高昂的。

3. 手机取消异地漫游费或短信费能拯救其活跃度吗

三大电信运营商相继决定取消语音漫游费。这个消息如果放在过去肯定是爆炸性新闻，但是这个消息 2017 年 3 月爆出时却显得不痛不痒，甚至很多天天使用手机的人压根没有注意到这个消息。我们不妨大胆预测一下，即使取消漫游甚至短信费到现在都已无太大意义。因为对于有通话需求的人来说，取不取消都得打。而对于那些已经从通话转向微信等即时工具的人来说，沟通交流的习惯已经转向，不会因为取消短信费这种低频消费而改变习惯。用户习惯有时候就像奔腾而去的江水，一旦转向就很难回头。

4. 预期与消费行为

消费习惯很难改变，但是也不是不能改变。其实，人的消费行为引导一定程度上取决于他对未来的消费预期。说一个小故事：某一男人不抽烟不喝酒，自诩好男人，不管别人怎么威逼利诱就是不抽不喝。直到有一天，一位朋友对他说："你看看人家去上坟，都是插烟倒酒的。你说你既不抽烟也不喝酒，难道将来你儿子去看你时给你插根棒棒糖，倒杯娃哈哈？"这位男人听后，便走上了抽烟喝酒的堕落道路。当然，这只是个笑话。由于这个男人对未来的预期，改变了他现在的行为。我们现在经常说房价涨得太快，快控制不了了。问题是面对越来越高的房价，人们为何还是去买呢？因为预期。人们预期未来的房价还会越来越高，所以他们会买。房价什么时候会下跌？就是房价上涨预期被打破的时候。

5. 季节变化与营销

春夏秋三个季节，网商们很少在网络上有很大的促销计划，而进入冬天后，国内有"双11""双12"、春节促销等，国外有圣诞节、感恩节促销，人们购买量都大得惊人。为什么？有一种解释是：冬天天冷，冷的时候人往往容易寂寞、孤独，渴望分享与温暖，喜欢用物质去填充精神的失落（如果情人们在如此寂寞的季节分手了，那就真的是不爱了）。网络购物尽管发生在线上，但是也是一种参与社会交往的形式，与外界发生联系，缓解个人寂寞、孤独的方式。冬天的商家（无论国内还是国外）都喜欢用红色促销，用温情做文案，大抵都是如此。

6. 商场的过渡区

我们一般认为，商场或者超市入口处的位置是最好的，因为有巨大的人流量。这一看法值得重新考虑。顾客走进商场大门之后，会开始四处看，但这还不算真正进入商场，也就是说还没有进入"购物状态"。他们什么时候慢下来，才算真正进入了状态。我们可以把让顾客慢下来的点叫作购物转折点，把从大门到转折点的区域，叫商场的过渡区。在这个过渡区，顾客购物欲望基本上会很小。这个区域的广告、海报会被忽略，推销员派发优惠券，也容易被拒绝。IBM 曾经给某个百货公司设计了一款能和顾客交流的机器，把它放在商场门口，可以给顾客提供搜索和导购等服务。这个事情听起来是不错，但实际上没什么人用。因为这台机器放在了过渡区，顾客进入商场的时候根本就不会太注意。

7. 人们为何会忍不住购物

在消费面前，为何我们即使是千手观音手也不够剁呢?

根据斯坦福大学米契尔博士的研究：人的行为由两套系统来控制，一个叫"行动"系统，一个叫"知性"系统。前者是动物性思考，而人类大部分时候都是这种动物性思考。行为学上经常出现的各种效应，比如契尼可效应、羊群效应、首因效应、光环效应等，都是这种动物性反应。为什么会这样呢？给你讲一个故事：当我们的祖先外出狩猎碰到了狼群，如果是90%的人往东跑，10%的人往西跑，从概率上来说，往东跑的人要安全得多。道理很简单，因为人多狼群不敢进攻。这样经过几十万年进化，想独特一点往西跑的都死翘翘了。于是，作为往东跑的大多数成了原始人的后代。经过长期的进化，人类也有了根深蒂固的、和多数人保持一致的行为模式。这也是为何我们天生相信大部分人意见的原因，也是看到别人购物自己忍不住的原因。

8. 好产品与冲突

消费者偏爱那些能够解决自己冲突的产品。京东集团董事长刘强东2016年在哈佛大学演讲时说："你做的这件事情给用户解决问题了吗？没有，就没有做的必要"。不要把眼光放在产品上，回到与人性相冲突的部分。时代在变，而人性不变，谁理解这句话就理解了如何开发产品，寻找问题。寻找问题，某种意义上是思维方式的找寻。

9. 为何妈妈都喜欢在朋友圈晒娃

如果把小孩看作是妈妈们精心培育的一个"产品"的话，这里面妈妈们投入了很多"亲手"的工作。一般而言，我们对一个物品付出的劳动或者情感越多，就越容易高估物品的价值。所以妈妈们会觉得自己孩子的价值是最高的，但是其他人并不见得，因为其他人没有参与"产品"的生产过程。

10. 身份认同的欲望

Airbnb 有一句这样的广告："像当地人一样去生活"，打动了很多旅行的人。为什么这句广告如此奏效呢？心理学上有个重要的实验——亚裔学生饮食偏好实验，该实验召集了一些在美国的亚裔大学生，然后问他们一些提示亚裔身份的问题，比如说"你英语到底怎么样？"，然后再让他们在一堆食物列表里写下自己最爱吃的食物。结果就发现，比起没有被提问的亚裔学生，那些被问了问题的学生，会写像汉堡、比萨这种美式食物的，比写包子、寿司这些亚洲食物的，比率多了三倍。为什么会这样呢？因为这些问题激活了他们的身份认同欲望，他们需要通过消费一样的东西来表明身份。所以，Airbnb 那句广告语激发了游客们成为当地人的身份认同欲望，从而会更愿意为当地的民俗买单。

11. 朋友圈的区隔

在 APP 里排名第一的是微信，排名第二的是 QQ。这与腾讯原来的预计很不一样，他们起初认为因为装微信的人多了，意味着用 QQ 的人少了。那为什么装微信和装 QQ 的人会同时变多呢？他们发现越来越多的"95 后""00 后"开始用 QQ，而不是用微信。背后的原因就是，这些年轻人习惯性的不愿意和他们的父母在一个朋友圈。

二、用户的需求在哪里

毫无疑问，找到用户的需求是提供产品或服务的前提条件。很多时候，我们了解用户的方式、方法都是存在问题的。我们也许会看到一些需求，却根本不知道是一些伪需求。看清趋势、了解需求是商家们必须学会的一种基本功。

1. 访谈时如何挖掘消费者的真实想法

尽管很多企业花费了大量的时间和资金去做客户访谈，但是实际上很多访谈是无效的，因为本质上没有得到他们真实的想法。要做到能挖掘出消费者的真实想法，一般至少要做到三点：一是访谈时一定要开放，不要封闭。不能问："您使用我们产品有没有问题？"而应该肯定问题的存在，改问：

"您使用我们产品发现了什么问题?"二是尽量要一对一访谈,不能像开会或者分组讨论,因为大家都有从众心理,前面一个人说啥后面就可能跟着说啥。三是访谈一定要去别人那里,而不是请别人来你这里。去对方那里,对方会感觉是主场,提出问题或想法会理直气壮,也会更加真实。

2. 问消费结果不如问消费过程

很多企业在调研时,往往喜欢问消费者就现有产品有什么建议。当年吉普销量下滑的时候,吉普公司的做法就跳出了这个问题框架。他们当时没有问消费者想要什么越野车,而是问消费者关于越野车的经历。结果,很多人都提到了"去户外的开拓地,去别人不能去的地方"、谈到了"美国西部广阔的草原"、谈到了开越野车的经历和骑马的经历类似等。原来,在当时的美国人眼中,越野车意味着自由,和骑马的感觉类似,而不是冷冰冰的机器。于是,吉普就把方形车灯改成了圆形,更像马,还给车取名叫"牧马人",结果大获成功。

3. "烧钱"与需求

这两年的互联网江湖流行"烧钱"来抢夺用户,刺激消费者的需求。凡是靠"烧钱"起来的需求,都不是真正的市场需求。钱一旦停止,需求也许就停止了。我们看到,由钱烧起来的"伪需求"正在消失，也给了资本市场非常惨痛的教训。

4. 方法再复杂不如认真面对客户

任何一件事，不要把方法搞得很复杂，用酷炫的形式掩饰内容的空洞，消耗消费者精力。一句话：你真心对客户，终有一天客户会把口袋里的钱送到你的口袋里。任正非早年非常著名的风格即是，从来不接受媒体采访，但是只要是客户过来，必定出面陪同。当年摩根士丹利首席经济学家斯蒂芬·罗奇带了一个投资者团队到华为，任正非也没有出面。罗奇非常失望说："他拒绝的可是一个3万亿美元的团队。"任正非的回应则是，他又不是我的客户，我为什么要见他。

5. 商业贪婪对消费的鼓励

现代商业的贪婪就是不断促进消费，否则这个商业机器就停摆了。由于被鼓励一定要消费，就导致我们经常在一个产品还能用的时候，就把它给扔了。就像你的 iPhone 6s 还用得挺好呢，但 iPhone7 出来了。苹果会告诉你一定要换，因为新手机加了新东西。从全球的观察来看，一个地方一旦富裕了以后，出生率一定是下降的，因为人们被商业鼓励得似乎忘记了生小孩这回事。出生率下降意味着未来的潜在顾客正在减少，这对消费机器来说是个坏消息。所以富国就会做一件事情，帮助穷国进入消费机器，让这些国家能尽快进入整个全球化的消费当中。

6. "野奢" 消费的兴起

城市化和大城市压力使得人们把逃离城市，短暂在野外消费当作一种心愿。这成为一种奢侈的消费品，称为"野奢"。目前，一些野奢酒店就是在追求山野与奢华的完美结合，他们一方面追求地域上的"野"，选在具有天然美景之地；另一方面，他们的设计也追求奢华，追求与大自然完美统一，与城市酒店建筑截然不同。随着工业化的进程进一步加大，这种野奢消费以后会越来越有市场。

7. 当前的消费高频点

著名投资人蔡文胜提到一个观点，挺有意思的。他说："爱美、怕死、缺爱，是现在所有消费的重点"。意思是说，如果企业围绕这三句话去搞定消费者，给他们提供相应的产品或服务，就有极大的商业机会。比如美图秀秀为什么这么多人用，因为所有人都爱美；朋友圈里都在锻炼身体，跑马拉松，是因为都怕死；为什么社交网络现在这么流行，因为现在的小孩除了学校就是家庭，就是缺乏爱，所以他们要在网上找各种各样的爱。

8. 家庭回忆作为一种商业开发思路

美国亚特兰大日报社做过这样一个研究调查，发现在家里"gathering stories and memories"（收集故事和回忆）所带来的幸福感，远胜于物质的满足，甚至学业、事业上的成就。尤其是家庭传统，它给所有家庭成员留下的回忆和带来的幸福感是源源不断的，不会因生活的变化而改变。这里给我们的启示是，我们是不是可以把帮助家庭回忆作为一个商业方向去深度耕耘呢？

9. 人类注意力的时间正在变短

根据相关统计显示，2015 年人类平均注意力时间是 8.25 秒，到 2017 年人类平均注意力时间大约会缩减成 5 秒。也就是说，现在商家必须依靠自己的特点和优势在最初的 5 秒钟就能抓住人们的注意力。这对企业营销来说，未来越来越需要的事情就是如何在尽可能短的时间里抓紧你的消费群体。

10. 从空间消费到时间消费

逻辑思维的罗振宇在 2016 年年底的一次演讲中提出了一个概念：GNT，即国民总时间。他认为互联网的下半场，时间才是真正的战场。消费升级，本质上是从空间消费转移到时间消费。现在的新兴中产阶级，其实已经买不动东西了，这个东西要占据家庭空间，其实可能是个负担。所以，消费升级中很重要的一个领域，是从消费有形产品到消费无形产品。比如各种服务、娱乐、旅游等，在这个领域，空间不再起作用，时间变成了刚性的资源。

11. 理解战略的表面与背面

很多人认为美国西南航空公司走的是低成本战略路线，但其实它的核心思想其实是最少地占用顾客的时间。在这里，客户的真实需求是节约时间，而不是减少价格。在一些维度上，西南航空的确看上去是在降低成本，但是其目的还是为节约时间。如果国内的航空公司只会拼命地降低各种成本，看不到目的与手段的逻辑关系，自然就是在学皮毛，不能成为像西南航空一样优秀的公司了。

12. 当前消费正在向中端集中

当前消费正在向中端集中，奢侈品或许面临消退。奢侈品销量的暴跌已是不争的事实，如果回到低端快消品来看，数据上也是在萎缩。例如，2015 年中国方便面和啤酒销量分别下降 12.5% 和 3.6%。而中档产品却如今在市场中势头正好，努力在质量和价格之间取得平衡，成为中国增长最为快速的消费领域。未来的生意，是瞄准中产阶级的消费。

13. 能达到的才是真价值

很多企业追求的商业蓝图都是一个无限大的空间和内容。但是一定记住：这种无限的蓝图需要使用者与其互动才会产生价值。我们可以认为宇宙是无限大的，但是这个无限大的空间对于地球人来说，其实没有啥用。你旅行的速度最高也就是光速，你永远都不可能利用这无限的空间。空间如此，商业的事情也不过如此。

14. 待办任务理论

哈佛商学院教授克莱顿·克里斯坦森提出了一个待办任务理论。他说，当人们有了某个需求的时候，就是有了一个"待办任务"。比如你中午想要吃饭，吃饭这件事就是一个"待办任务"。你用订餐软件订餐，是因为订餐软件能帮你完成这个任务。如果这次订的饭好吃，下次你就还会用；如果不好，你就会换别的订餐软件。所以人们感兴趣的不是产品本身，而是产品能帮他们完成什么事情，以及这件事情完成得好不好。如果能从这个角度来考虑你的产品，其他竞争者就很难颠覆你。

15. 做市场的原则

很多人做市场没有原则，为了短期利益不择手段。作为一个市场开发人员，要守住两点：一是为核心的原则不妥协，不管是谁来，必须始终记得自己的核心原则是什么，不能被别人带跑了。二是追求共赢。要让人知道底线在哪儿，但也有合适的柔韧度。一个合适的市场人，要在江湖里建立这样的形象：我有自己的原则不妥协，但无论谁跟我合作，一定让你挣到钱。

三、产品开发的秘籍

产品开发是指从研究选择适应市场需要的产品开始到产品设计、工艺制造设计，直到投入正常生产的一系列决策过程。产品开发时，开发人员往往遭遇的问题是，一不知道消费者喜欢什么；二不知道如何开发；三不知道如何让产品更有特色。产品开发虽然有固定的章法可言，但是依然存在一些基本的原则和技巧。

1. 肯德基的跨界产品开发

在奥美公司中国香港创意部的策划下，肯德基 2016 年在中国香港玩了一把大开脑洞的跨界产品开发：推出可食用的时尚彩妆，如指甲油。这种跨界产品开发要获得成功，可能需要三个考虑点：一是有没有立足自己的专业并加强了专业？二是与自己的品牌有没有形成一个交集并传递给消费者？三是目标客户群是否感兴趣？

2. 把产品变简单

做产品开发时，我们不妨记住亚马逊创始人贝佐斯一句产品名言：把事情变简单，人们就会消费更多。

3. 简单第一

我们从微信支付的开发看看产品开发的简单原则。微信支付的想法是 2012 年年底产生的，当时有两个方案。A 方案是：在微信里植入财付通。财付通是腾讯的 PC 端支付平台，当时已经有几千万用户绑定了银行卡。如果利用好这个资源，就能大大减少获取用户的成本。B 方案是：完全放弃之前的资源，打造全新的支付产品。微信后来选择了 B 方案，因为虽然财付通积累了很多用户，但它是一款很烦琐的产品。通过财付通在电脑上完成一次线上支付，需要登录账号，输入支付密码，通过短信验证，还要安装数字证书，总之是一个很复杂的流程。如果照搬这些流程，放在微信里，就会给微信支付带来沉重的包袱，所以微信最后决定轻装上阵，坚持简单原则。

4. 乔布斯的极端

苹果更多代表了一种有品位的个性。熟悉乔布斯的人都知道，他是一个艺术家，是一个偏执狂，做人上有明显的缺陷，甚至有点混蛋，办公室随便骂人，从不懂得中庸和凑合，喜欢走极端。但正因为这种性格，让他坚持自己的东西。他对 iPhone 开发有一个原则，就是能不用的东西就绝对不加，能用一个按键的，绝不用两个。为了避免手机发烫，他尽量避免多线程，为了避免安全隐患，他就是不给你任何的外接存储。iPhone 7 连耳机接口都取消了，全机身只有一个洞，人家根本就不考虑你充电的时候还要听歌，苹果公司认为这是个别人的伪需求。

5. 由社交痛点而来的产品

任何的产品都必须为解决用户痛点而存在，不管痛点是功能性痛点，还是社会性痛点。比如，一些人在求婚的一刻，如果想记录下未婚妻的面部表情，就得聘用一位摄影师跟踪甚至偷拍。有人为此开发出了一种戒指盒，盒子里装了一部相机和录音设备去拍摄未婚妻的表情，这个就是 Ring Cam 公司的来历。

6. 吃自己的狗粮

硅谷有句话说："Eating your own dog food（吃自己的狗粮）"。从产品开发来说，只有自己成为产品的用户，才能开发出更好的产品。那些自己生产的产品连自己都不会用的公司,如何去说服消费者呢?

7. 美国空军的降落伞

这算是"吃自己的狗粮"的一个经典的例子。美国降落伞供应商给美国军方降落伞的标准是打开率 99.9%。从概率上而言,这意味着 1000 个降落伞中会有 1 个打不开。军方要求供应商进一步提高标准时,供应商表示实在很困难,再提高几乎不可能。最后军方决定改变一下采购规则:每次在采购前,请供应商的高管随机挑选一批要发货的降落伞试跳。这样一来,供应方很快就提高了降落伞的打开率。

8. 让程序员自己去测试风险

测试百度无人车时,为了增加难度,需要有人突然出现在无人车前进的路线上。李彦宏说,选什么人好呢,要选写无人车程序的工程师,这样逼迫他们自己在测试前要把技术细节做到极致,否则危险就落在自己头上了。

9. 金发女孩效应

产品创新应该新旧结合,既让用户有新鲜感,但也不至于完全陌生。这就是所谓的"金发女孩效应"。某种程度上,消费者的情绪反应跟童话故事《金发姑娘与三只小熊》里的金发姑娘类似,她不以床的柔软程度或粥的冷热程度来选择，而是根据自己的需求选择最适合自己的。新产品或新服务在推广时，要符合这个倒 U 曲线：如果太过创新、太过超前，那么消费者会感到不能理解；如果毫无创意，他们又会觉得无聊乏味。找到刚刚好的状态才是最明智的选择。

10. 过度的生态思维

现在很多互联网公司都在构建生态和流量入口，结果把好好的一个产品变得笨重无比，体验感极差。比如一个 WPS 办公软件，连接跟办公相关的产品也就算了，里面不断跳出各种东西分散用户的注意力，使得软件经常处在崩溃的边缘。还有像暴风影音，本来是一个极好的播放软件，为了冲流量，绑定了各种生态产品，体验感变得极差。如果一个产品其核心的功能体验感都消退得如此严重了，生态又如何建立得起来？

11. 最小可行产品（Minimum Viable Product，MVP）

简单来说，MVP 就是第一代初级产品。世界著名的孵化器 YC 合伙人 Michael Seibel 认为，最小可行产品是创业者第一次有机会把产品展示给用户的产品。很多人把那一刻看得特别重要，于是他们选择不断拖延以令产品更完善，因为他们认为如果发布了一款糟糕的产品，可能就没法顺利起步。但 Michael Seibel 认为这种观念是错误的，很少有人记得谷歌什么时候上线，也很少有人记得亚马逊和 Facebook 什么时候上的线。他认为，做出什么就赶紧交给用户。如果你正在解决客户经常遇到的问题，你的产品再烂他们也会用。根据用户的反馈，再不断迭代改进产品，否则产品就会遥遥无期，失去市场机会。

12. 满足用户的窥探欲

窥探欲是一种需求，很多人内心都存在。举个例子，某大 V 的微信好友可能早就达到了 5000 人的上限，别人根本添加不了他为好友。但是人都是有窥探欲的，就想知道这些大咖们会在朋友圈发什么内容。这时，某个产品就可以跟这些大咖们合作，把他们的朋友圈内容集中起来，供用户订阅。收入的每一笔钱与大咖们分成，实现一个新产品模式。

13. 结果的可期待化和可视化

人们总是希望他/她做的事情有结果，并且会期望能尽快看到这个结果。这一点，对我们进行产品设计、营销设计、组织设计等均有很强的启示作用。比如，Linkedin 就采取了一个在视频游戏中很常见的用百分比显示进程的小方法。该进程条是会随时告诉用户已经填了多少，比如 90%，也会告诉用户填完这一页会达到多少，比如 95%。显然，进程条并不是游戏，但是就是那么一点点好玩的地方，把人们的期待通过可期待和可视化的结果呈现出来，这就足够鼓励大家去认真地填写表格了。

14. "牛奶 + 报纸" 的创意

我们每次买新鲜东西时，或多或少都有些疑惑包装上的出厂日期，特别是鲜牛奶。有个国外咖啡品牌为了打消消费者的这种怀疑，营销人员想出了一个办法：他们决定与当地颇具影响力的日报社合作，在第一时间获得刚刚编辑好的报纸头条版面，并将其印在咖啡外包装上。当天报纸发行后，该咖啡也完成了当天的包装设计。该报纸的读者收到咖啡的同时，也收到了当天新鲜出炉的报纸。这样就充分证明了他们的咖啡的新鲜程度，绝不会怀疑日期造假。该创意一度成为大街小巷热议的话题。

15. UGG 的第一眼丑

很多人觉得 UGG 的鞋子特别丑（其实 UGG 本来就是丑鞋的意思，第一个字母 U 即为 ugly 的简写）。但是为何如此丑的鞋也会受到市场欢迎呢？该公司中国区副总裁 Michael Welhnan 做过这样一个解释："几年前有人问我可曾看过巩利的电影，说她长得很美。我的第一眼并不觉得她美，但是看完她的电影后，我觉得她真是很美。'美' 来自我们内心的情感，这也是我希望消费者对 UGG 鞋的感受。"

16. 如家酒店的起步

创始人在创立如家之前，发现了一个现象：200 元左右的客房需求量在暴涨，而且投诉率高于其他价位的酒店，说明当时大家对这个价位的酒店不满意。如果能推出一个 200 元左右，并且符合用户期待的低端酒店服务，将会带来一个快速增长。如家酒店创立之后，确实迎来了一个快速增长的时期。这时候就有星级酒店来找如家，问如家能不能把这些酒店的高端服务也接过去，结果如家拒绝了。因为如家的创始团队认为，从运营的角度来看，这样会稀释品牌的独特性。

四、定价的"玩法"

有人说，在企业中除了营销部外，其他都是成本部门。而在营销的各种要素中，除了价格这个要素，其他要素也是成本。由此可见定价对于企业的意义多么重大。但是对于很多商家而言，大都是采用简单粗暴的成本＋利润的定价模式，然后就是促销折旧，很难有其他的定价思路。

1. 旧产品的价格变动

西雅图一家叫 Decide.com 的科技公司曾推出了一个门

户网站，为无数顾客预测商品的价格。经过一年的时间，Decide.com 分析了近 400 万产品的 250 多亿条价格信息，发现了一个怪异现象：比如在新产品发布时，前一代产品会经历一个短暂的价格上浮。因为大部分人都习惯性地认为旧产品更便宜，所以会选择买旧产品，结果价格比购买新产品还要高。所以，真是买家不如卖家精啊！

2. 免费用户与"陪太子读书"

我们知道，网游存在两个群体，大部分的免费玩家和少部分的付费玩家。那么免费玩家与付费玩家各自在承担什么角色呢？对于免费玩家而言，给的是一些很初级的乐趣。然后通过对乐趣的限制，吸引他们中的一小部分人升级为付费玩家。而大部分免费的玩家，实际上被打包成一个巨大的"陪太子读书"的团体，供付费玩家们杀戮、领导、指挥。而且，付费少些的人同样要陪付费更多的"大太子"们读书，这样就形成了一个平衡的游戏生态。所以，做游戏不要想着都是收费用户，结果反而可能不好。

3. 价格"托"

一些电商网站为了促进明星产品的销量，往往会设计一些产品做"托儿"，来衬托出明星产品的性价比。假如说这个网站上卖两种规格不同的洗发水，一种是 500 毫升装，标价 30 块；一种是 1000 毫升装，标价 35 块。一般消费者对比两款产品后，大多数都会买 35 块 1000 毫升的产品，因为觉得更划算。在这里设计出 500 毫升的托儿，也是为了推动用户购买明星产品。酒店 Wi-Fi 有两种选择，一种是 80 元一个小时，一种是 130 元一整天，你一般会毫不犹豫选择一整天 130 元的那种。

4. 压单与情感接受

我们在买东西，尤其是大件的时候，比如去汽车 4S 店、房地产中介等，经常会看到业务员说决定不了价格，需要打电话请示主管，这个叫作压单。销售员会隆重介绍过来压单人的身份，是主管或是经理，以激发顾客情感上一种被尊重感。人性中那种可以讨到更多便宜的心理，以及认为"这是这家店价格底限的预设"就会被调出来。如果前面的感觉非常好，你会非常想听听这个压单人的讲述，甚至想要认识这个压单人，而你就在此时不自觉地打开了接受情感输入的"天线"。

5. 打折与记忆

一项研究表明，人们对价格虽在购买时普遍敏感，但是对价格的记忆往往是短暂的，很快就容易忘掉。同时，人们记忆的质量却非常长久，不论好坏，都会一直伴随着我们。

这给我们商业上的启示是：一是不要追求一味低价，价格低不能获得客户忠诚度，而应该努力让客户认可你的高价值带来的高价；二是一定要注意质量，否则你营销做得再好，客户也在一点点减少，老客户不来，新客户难找。

6. 一种变通的收费模式

很多人看书都是看不完整本的，但是却付了整本的钱，这合理吗？而有的页面你反复阅读，说明是更有价值的内容，是不是应该付给作者更多的费用呢？亚马逊为此设置了一种全新的计费模式，即将颠覆作家和出版商通过作品赚钱模式的全新系统。具体来说就是，亚马逊开始将按照读者阅读的页数，而不是作品出售的数量来向出版商及作者支付报酬。

7. 付费阅读与阅读增量

2016 年，亚马逊电子书包月服务正式进入到了中国市场，在不到一年的时间里中国的注册用户量在美国和英国之后，成为全球第三大电子书包月服务市场。根据亚马逊的统计，用户在注册三个月后，平均阅读量和图书购买量都在大幅增长，阅读量比购买之前提升了将近 40%，下载量几乎翻倍。数据还显示，付费中文书的阅读完成率是免费中文电子书的 3 倍。这说明我们的用户们付费阅读的习惯在逐渐养成，而且付费阅读还可以提高阅读完成率。

8. 看似亏本的决策

2005 年 Amazon 推出 Prime，允许用户缴纳 79 美元即可享受免费的快递两日达服务（在当时下单后用户等待的时间普遍在 5 天以上）。这一项服务在内部曾经饱受争议。如果快递公司单笔订单的成本是 8 美元，而 Prime 会员一年有 20 笔订单的话，那么公司一年的运输成本就会达到 160 美元，这远高于 79 美元的会员费。这项服务对公司来说成本太高，没有办法达到盈亏平衡。最终，创立亚马逊贝佐斯一意孤行还是坚持了下来。事实证明，Prime 在接下来的几年里取得了巨大的成功。加入 Prime 的会员在亚马逊的消费额平均翻了一番，大量的顾客因为这一项服务成为亚马逊的拥趸。结果，Prime 成为亚马逊成功甩开 eBay 的关键决策之一。

9. 会员经济

调研公司 CIRP 的数据显示，亚马逊 Prime 会员每年平均在亚马逊消费 1200 美元，非 Prime 会员仅 500 美元。星巴克会员的消费次数是非会员的三倍，而且会员在以每年 18% 的速度增长。市场调查机构 MarketWatch 的数据显示，存在星巴克会员账户里的金额达到 12 亿美元。会员可以建立一种可持续、可信任的正式关系，这种关系是相互的。企业将提供给会员更好的福利，会员则有更高的忠诚度，甚至提供建议，帮助企业改善产品。

10. 讨价还价时到底谁先出价

很多时候我们按照正常的逻辑都认为，等待对方开价，然后我们再砍价，这样会取得砍价优势。但是社会心理学家做过一系列实验，研究结果显示不管是买家还是卖家，谁先开价，结果就对谁更有利。比如，在一个收购工厂的实验里，如果买工厂的人先出价，最后成交的价格是 2000 万元；如果是卖工厂的人先出价呢，成交价格就变成了 2500 万元，明显要更高。心理学有个概念，叫锚定。意思是当人们做判断的时候，容易受到第一印象支配，思想就被固定了。不管谁先开价，这个价格就成了"锚点"，对方再怎么砍价，基本上都会围着这个价格转。

五、用户与社群的经营

互联网时代的用户意义已经超出了完全线下的时代。如果是非网络时代，我们面对的是一个可见的社会，那么到了互联网时代就是一个虚拟的社会。这个虚拟社会的意义在某种程度上也是非常"真实"的，甚至"比真实更加真实"。如果经营得好，用户和社群将成为未来商业竞争的核心。

1. 流量多还是效率高

微信张小龙在演讲中谈到，公司必须警惕 KPI 的错误引导。他举了个例子：2016 年春晚的红包大战，微信一开始的策略就是思考怎么能帮用户更高效地抢到红包，而不是要做出一个多么大的流量。如果只是为了让流量数字变得很大，让更多人抢更多次数、花更多时间，那最后的方法就会变成，让用户抢 100 次才抢到一个红包，参与的人数和次数最多。而如果思考点是让用户高效抢红包呢，产品的逻辑就会变成废除所有多余过程，让用户尽可能少花时间在微信里。两个不同的目标，产生的结果自然也不一样。对用户来说，花尽可能少的时间抢到红包，是最令他愉快的。尽管这么做，流量数字上看不会最大，但这种对用户有价值的做法，最后获得了特别好的口碑，流量数据也就不会难看。

2. 流量与流量留存

一个互联网产品的商业价值，一方面的确要看流量，但是更重要的是看用户留存，特别是月留存。因为日留存很容易造假，次月留存、3 个月留存，甚至 6 个月留存造假的难度就高很多。维持流量的留存率能力实际上就是经营用户的能力。做互联网创业，一定要想清楚自己对流量有没有可防御能力。如果有自发流量就有防御力，如果需要依靠其他平台买流量，那就很难防御。

3. 品牌社群的自生长

品牌社群要具备"自生长"的能力。一个有生命力的品牌社群，不能仅靠官方单方面的传递信息，更重要的是社群中的每一个人基于对社群态度和主张的认同，愿意平等地在社群中发布更多的内容，才能增加社群的黏性。在社群经济中，产品和消费者的联系不再是单纯的功能上的连接，而是赋予了产品更多的灵魂，如口碑、文化等，从而建立起情感上的联结。

4. 社群与仪式感

每个运营良好的社群，都少不了进行各种各样的仪式。仪式感的打造是让社群成员提高参与感的一种很好的方式，这与线下是一样的。提高一个人的参与感，会让整个人不自觉地将自己归为某一群体，把自己当作群体的一分子，最终形成一种归属感。比如，我们常常在电影里看到出家的人，他们为什么都不是直接在家把头剃光然后去庙里当和尚呢？去庙里更衣沐浴，焚香拜佛，然后在众人的注目下，由某位长老或住持为他剃发，这就是一种仪式感。经过一系列的剃头仪式，这个人会不自觉地将自己归为庙里的和尚群体，最终形成每天吃素念经的习惯。

5. 社群的三种模式

要经营好社群，要注意社群模式的匹配性。一般而言，可以把社群分成三种模式，第一种是跟产品互相配合，在产品基础上提供更多价值；第二种是收集用户需求，帮助产品迭代；第三种是维系核心用户。

6. 粉丝经济与社群经济的区别

粉丝经济的本质是一个人在台上，一堆人在台下觉得你很牛，很崇拜你，然后买你的账；社群经济的本质是大家因为共同的价值观聚在一起，相互依靠，彼此平等。判断一个社群是不是社群及其好坏，应该是看群体之间的互动、结构及互动的频率。

7. 音乐的社交化

现在一切东西几乎都带有了社交的属性，以此带来互动和黏性，并获得更多的数据。听音乐之前只是纯的音乐，并不加上任何他人的符号。而这两年的音乐表明，听歌多元化以及听歌社交化的时代已经到来，音乐社交属性正悄然影响着用户听歌行为，甚至引发音乐市场评价体系的改变。比如一首新歌，你以前是自己听了再判断是否喜欢，而现在是看别人的评价、播放量或者简单的点赞后决定是否去听，然后才有自己的评价。

8. 社群电商的关键

美食社群 APP 下厨房 2016 年注册用户大约 2000 万，覆盖用户群大约 1.2 亿，已经完成"内容 + 社区 + 电商"的闭环。该社群能够形成，有两个重要的经验值得借鉴：一是 UGC+ 他人评价与提问，使得内容多且互动性强；二是以问题导向联结电商的做法，比如有人在上面上传了一道自己亲自做的美食后，有人会问做菜用的这个锅是什么锅，然后根据回答把锅的链接直接附上，不影响阅读体验，而且直接产生了购买冲动。很多社群变现没有做好，其实是在"想"和"买"之间隔离了过多的时间和空间，茶冷菜凉，包括微信圈的广告也是如此。

9. 社群的活跃度

很多社群 / 微信群慢慢不活跃，其原因无外乎是：一是没有内容产出，二是没有线下勾搭，三是精神链接关系脆弱。一个社群的活跃，可能要做到：群主的 IP 建设、玩法 / 规则的设定、线下主题活动，个别群可考虑付费模式，群内的互动率就会较高。今后有没有可能兴起群主的职业化？也未可知。

10. 诉求利益才是社群长期的根本

不管是移动互联网，还是电商平台、社群，都只是一种联结的工具或形式，更大的价值在于背后的价值观和可持续的利益诉求。否则即使联结得再好，也是一盘散沙，缺乏可持续性。典型的就像很多微信群，刚开始建立的时候会热闹两天，马上这个群就死寂了。原因在于这个群是因为突发性的诉求而建立起来的，没有可持续性。就联结的有效性而言，应该做好：联结 + 可持续诉求 / 价值观 + 组织规则 + 内容迭代。

11. 老顾客的价值

全球领先的管理咨询公司贝恩公司曾经调查发现，如果一家公司能留住 5% 的老顾客，就能提升 30% 的利润额。另一家研究公司则发现，把产品卖给老顾客的概率在 60% 以上，而卖给新顾客的概率只有 5% ～ 20%。

12. 亚马逊的"红线"

亚马逊内部有一条"红线"来经营他们真实的用户：商品页面下的评价不可以更改或删掉。给钱写评论这种事是绝对不可以的，因为他们不希望有任何这方面的行为影响到消费者真实的评价，这种真实评价是最宝贵的。

13. 联想渠道思维的弊端

联想一直有很好的渠道思维，就连当初收购 IBM 的 PC 部门也是从获得渠道的角度进行考虑。然而，随着 PC 开机率的降低，在手机领域联想一直做得不如很多后起之秀。为何联想渠道做得那么好，手机销售却欠佳。原因之一是，过去中国的手机产业就是运营商主导，2016 年以前联想有 80%～90% 的手机业务依赖渠道。这个渠道的成功反倒是害了联想，因为客户不是最终用户，而是运营商。联想考虑的就是满足运营商定制的要求，让他们满意。当通过运营商渠道销售得很好，联想也就心安理得了，不觉得需要花心思在经营最终用户身上。

第三章 品牌那些事

　　品牌内涵种类繁多，表现形式各异，100个人可能就有100个定义。品牌的根本目的是指导消费者在茫茫商品海洋中，快速、准确地做出购买决策。因此，品牌有时候就像夜晚航行中的灯塔，可以指引消费方向。可口可乐前董事长伍德鲁夫有一句名言："假如我的工厂被大火毁灭，假如遭遇到世界金融风暴，但只要有可口可乐的品牌，第二天我又将重新站起来。"这大概是世界上最有名的关于品牌价值的定义。

　　某种程度上，品牌是不确定和信息不透明背景下的产品。随着互联网、大数据等技术的发展，人们对商品判断的不确定性和商家不透明信息的情况都在减少。因此，未来做品牌的方式方法都面临着变革，我们对于品牌的定义也将发生非常大的变化。

一、感官是品牌的入口

我们几乎每个人都用五官去感知世界，用眼睛观察，用耳朵聆听，用鼻子嗅闻，用舌尖品尝，用手触摸。我们既然是通过五种感官去感知世界的，那么企业为什么不能通过五种感官让顾客充分去感知品牌呢？消费者完整体验一个品牌的过程是与消费者的一个或者多个感官相联系的。研究发现，人类的五种感官在任何形式的传播中，重要性不分上下。给消费者提供的感官接触点越多，就越有益于在其心中建立稳固的情感维系。

1. 色彩营销

色彩营销是一门边缘科学，从色彩学、品牌传播学、市场营销学、消费者心理学、产品设计等学科发展而来。关于色彩的力量，学界很早就开始做研究，甚至称其为"无声的销售员"。色彩能在第一时间抓住人们的视线，创造品牌认同，并且提升销售。一说起可口可乐，人们就会想起红色；苹果推出的"土豪金"手机在中国屡屡断货；加多宝与广药为了红罐包装打起了官司等，只因为每一种色彩都代表了情感行动和信仰。

根据新奥尔良大学市场营销教授 Elyria Kemp 的研究，顾客会在不到 90 秒的时间内来决定是否接受传递的信息，其中有一半以上的人做出判断时只是基于色彩。企业需要了解，并且把这些元素有机融合，来创造品牌独特的识别力。

2. 色彩与轻重感

颜色不仅仅表现在能吸引消费者的目光。颜色不同，我们对其的轻重感就会不同，质量好坏感觉都不同。营销中要注意视觉对触觉的影响作用，如白色的手机会感觉较轻，而黑色的较重，因此女生多选白色，而男生多选黑色。

3. 颜色的心理暗示

英国橄榄球联赛发现，大家对裁判的公正客观性都感觉不错。但是统计结果却显示，所有穿黑色球衣的球队被判犯规的次数特别高，明显高于其他颜色球衣的球队。这是为什么呢？这就是颜色的重要性。因为在我们人性深处有一种认识，黑色代表了暴力和阴暗。如果两个球员发生争执，裁判和观众本能就觉得穿黑色球衣的球员有问题。由此可见，我们在产品中设置合适的颜色对消费者的影响有多大了。

4. 外貌的丑朋友效应

丑朋友效应简单来说就是，如果有个同性"丑朋友"在你身边，那你的外貌吸引力就无形中提升了。

为此，英国科学家团队做了一个实验，实验中先让被测试者评价照片里人物的外貌，之后让人物身边站着另外一位外表难看的人物，再让被测试者评价。结果发现，同样的外貌如果在第二轮，也就是在有一个"丑朋友"做对比时，个体的吸引力会得到提升。实验还发现，当一个其貌不扬的人，站在一群外貌好看的人中间时。这些外貌好看的人会让被测试者的眼光变得更加挑剔，这个时候外貌差反而会被评价为"更特别"。这就解释了模特界为什么很多长相"不好看"的模特，同样受到了极大的欢迎，因为他们的"丑"反而变成了特点。这个效应对品牌形象设计中的对比效应有一定的启发意义。

5. 未来是黑色的

在国际权威学术杂志《消费者研究杂志》（JCR）2016 年的最新研究中发现，消费者想象遥远未来的过程中，通常抓住的是未来景象的形状，而非色彩。也就是说，此时在消费者的脑海中，遥远未来的景象多半是黑白的，而非彩色的。

研究者通过 9 项实验证明了以上假设，并说明了如果营销信息是关于遥远未来的事物时，那么最好是以黑白景象来呈现，这样会提升消费者的支付意愿。

6. 红色激发的非理性

写过《神经营销学》一书的 Roger Dooley 曾说："我们在购物时做的决定中，只有 5% 是理性的，而品牌零售商就专门在剩余的 95% 上大做文章。"

你知道竞拍会上拍卖方为什么总喜欢用红色来标注数字吗？因为红色更容易引起冲动者的注意，刺激他们参与竞价。大量非理性消费者的存在，才使得营销皆有套路。

7. 酒店与香味

诸多星级酒店都会布局有标志性的香味，放置有酒店香味机。很多著名的酒店甚至会不惜花血本聘请香水大师调制香味，增强顾客的体验感。

如法国巴黎的凡登凯悦酒店就花了血本打造了具有标志性的天竺薄荷香味。

8. 女性的味蕾

在广告中，我们经常看到食品的广告人物基本上都是女性，而身边的吃货也以女性居多，男性则不会那么讲究。科学的说法是，女性相较于男性有更丰富的味蕾，在味觉方面更敏感，所以女性多吃货。

9. 音乐与葡萄酒

音乐会对葡萄酒，尤其会对红葡萄酒产生味觉上的影响。也就是说，其实控制音乐的同时也是在控制葡萄酒的口感。在温柔的灯光、柔和的音乐声中，不仅仅是制造了浪漫，同时也改变了喝酒时的味觉。

10. 纯音乐与销量

美国一项研究表明，在商场购物中男性更喜欢听有歌词的音乐，相比纯背景音乐，销量会翻倍；而女性则相反。

11. 宜家曾遇到的声音问题

尽管商场的购物车都有很明显的指引提示"请自由取用"，但是工作人员还是多次被问到购物车在哪里。宜家为了改变这一状况，采取了在靠近购物车的地方播放购物车相互碰撞的声音来解决这个问题。

12. 板凳硬度与成交

坐在一张硬板凳上的人，讨价还价时的态度会很强硬，不愿妥协。因此，谈判时应该给对方放置更松软的坐垫，让他们态度柔软，而自己放置硬板凳。

对于追求翻台率的偏低端快餐店，应该用硬座。

13. 心理温情与物理温度

研究表明，商场的整体温度在 25℃时是顾客最愿意停留的温度。

商务装的门店要冷一点，运动装的商店则要热一点，专卖店的国际惯例是 22℃最适合成交。

14. 几个感观营销结论

一是用黑色而不是白色盘子拜摆放深色蛋糕时，用餐者会感觉蛋糕更甜，更愉快；二是餐厅用古典音乐如莫扎特，比用流行音乐时，用餐者会掏更多的钱；三是餐厅用薰衣草香味，用餐者花费更多，用餐时间更长；四是餐厅中位置不好的"垃圾位"，按照 SPM 计算，反而是最高的；五是女服务员在账单上画一个笑脸，平均而言小费会上涨 20%。

二、伟大品牌的起点

伟大品牌并不是一开始就伟大，他们也许只是瞄准了一个机会，发现了一个痛点，甚至只是寄生在庞然大物身上获得了成长。

1. 微软的寄生性生长

微软尽管现在是巨无霸公司的典型，但是其早期的发展其实就像寄生虫一样，是寄生在 IBM 身上而瞬间快速成长起来的。

比尔·盖茨当年知道 IBM 在开发一种操作系统（他妈妈当时是 IBM 的董事），同时他又听说有一个叫基尔达尔的人在做一个操作系统叫 DOS。他用 5 万美元买了 DOS 操作系统修改了一下，然后在前面还加了一个名字叫 MS DOS（Microsoft DOS），然后把这个操作系统推销给了 IBM。这个系统搭载着 IBM 的 PC，卖遍了全世界，逐步成为计算机行业通行的操作系统。

2. 箭牌的品牌联合

品牌营销要懂得做联合借势发力，这是我在很多场合都强调的一个观点。

1891 年春，箭牌创始人小威廉·瑞格理来到芝加哥从商。他每卖一罐苏打粉就给商家附赠两条口香糖，口香糖大受欢迎。于是他委托制造商开始生产口香糖，并于 1911 年买下工厂。

到了 2014 年，绿箭又推出"别等 Wi-Fi 才交流"。这是绿箭与腾讯在微信平台尝试的合作。通过扫描口香糖包装上的二维码，消费者可以免费领取多达 50M 的手机上网流量。绿箭看重是微信巨大的用户群体，而微信平台看中的是绿箭覆盖全国的 200 万个分销渠道，扫二维码送流量能进一步带来大量的用户群。

3. 麦当劳的起点

麦当劳的创始人克罗克原本是一个冰淇淋机的推销员。他发现加州有一家汉堡店，订的冰淇淋机比其他汉堡店都多。他觉得很奇怪，经过一番调查才知道，原来这家店的老板搞了一个创新，用流水线的方法生产汉堡包，就好像福特的汽车生产流水线一样，这样汉堡的生产效率提高了，自然这家店需要的冰淇淋机也就自然增加了。后来克罗克买下了这家汉堡店，并按照这个店的模式进行复制和扩张，由此诞生了麦当劳。

4. 芭比娃娃的诞生

在芭比娃娃之前，很多企业改良布娃娃都是盯着布娃娃本身，想办法把它做得更漂亮、弄得更精细，但很少去考虑"用户为什么需要布娃娃"。

直到后来有一家做布娃娃的公司考虑到了这个问题，他们发现小女孩喜欢布娃娃，并不是为了找个同伴，而是想看到成年以后的自己。所以，这家公司就做出创新，发明了以成人女性为样式的布娃娃，这就是后来广受欢迎的芭比娃娃。

5. Costa 咖啡经营要素

一个卖咖啡的店，往往咖啡并不是最重要的，星巴克如此，Costa 亦如此。对于 Costa 而言，他们的竞争力优势培育从重要性程度来说分别是：环境、食品、咖啡和服务。

Costa 在中国开店选址时，考虑最大的因素第一是人流量，第二就是店铺要漂亮。与此同时，食品在咖啡店中的位置越来越重要，食品种类要做到丰富和健康。最后，才是咖啡和服务，其中服务也包括咖啡师对不同咖啡搭配不同食物的理解和建议。

6. 失去简洁的苹果

乔布斯时代的苹果一切都很简洁：简洁的乔布斯本人、简洁的设计、简洁的产品线、简洁的命名、简洁的营销等。而没有乔布斯的苹果色彩越来越多，话题越来越杂。

这或许是新的营销手段，但是总体而言我们生活在一个复杂的世界里，能够提供"简洁"的企业也许才是最后的赢家。

7. 苹果害怕谁失望

几乎成了一个规律：每次苹果推出新一代产品，对苹果最失望的，都是非苹果用户。而真正的苹果用户几乎除了开玩笑自嘲一下外，仍然选择了继续购买苹果。

从现在看来，苹果仍然是世界上最好的手机，无可替代。想起一句著名的话："Have skin in the game"，意思差不多就是要玩真的。真正让苹果担心的是那些"玩真的"的人，而不是吃瓜群众。如果有一天，这些玩真的人开始非常失望了，那么苹果也就到头了。

8. 苹果真的不行了吗

这两年经常听到有人说苹果不行了，问原因他们都说听别人说的。我们可以看看数据：2016年全球销量前5的手机厂商，中国占了3席，华为卖了1.393亿部，OPPO卖了9940万部，VIVO卖了7730万部。苹果2016年销了多少台呢？答案是2.15亿部。按照价格乘以销售量，2016年全部国产几种手机加起来赶上苹果都还有很大的差距。如果计算利润，更和苹果没有可比性。

9. 诺基亚的死能否复生

微软在2016年5月宣布进行一个多达1850人的裁员，其中1350人为芬兰员工。这意味着微软对诺基亚手机这块业务的放弃，强制性安装微软的WP系统已无回天之力。

年轻的用户已习惯了安卓/苹果的移动系统，背后的生态系统已然非常的庞大。微软的 WP 没有带来革命性的进步，甚至不如前两者。我觉得，诺基亚也许放开心态，进入安卓体系，然后曲线救国才是方向。诺基亚若想回归，有必要放弃其 WP 系统，改为安卓系统，瞄准 3000 元左右的市场，才有可能有赢的机会。至于情怀这种事，有些用，但现实的消费者更多。

三、讲好品牌故事的法则

品牌故事对于一个企业的成长和发展，都有着不可忽视的重要作用。好的品牌故事是一个推销员，可以让消费者产生信赖感和吸引力，愿意付出更多的关注和花费更多钱购买。

1. 品牌故事的价值

斯坦福大学商学院的营销学教授 Jennifer Aaker 与她父亲 David Aaker（世界级的品牌研究权威）一起发表了一篇关于讲故事推进公司品牌建设的新论文。其中谈到一个观点：好的品牌故事甚至好过一个商标。

2. 影视剧中的品牌故事

成功的品牌往往是与其品牌故事相连的，而大部分关于品牌的故事就是关于品牌体验的。由此可以把品牌简单定义为：产品＋传播＋体验的综合。

很多公司为传播品牌故事煞费苦心，例如海尔拍了几百集的动画片《海尔兄弟》，日本航空拍了连续剧《公关小姐》（此剧是公关界的噩梦，几十年未能消除负面影响），联邦快递则拍了电影《荒岛余生》。

3. 品牌如何讲故事

一些创业者经常问我一个问题：新创品牌如何讲故事？是不是只能虚构一个故事？讲品牌故事很重要，但是那些传播度很高的品牌故事却大多数与历史人物相关，比如欧洲那些诞生了上百年的奢侈品牌。

作为一个新品牌，的确没有这样的故事素材。于是很多新品牌、小品牌就只能讲创始人的故事，如果创始人没有故事就开始编造故事。结果是故事假得连公司自己的人都看不下去，更别说打动客户。本来是为品牌加分的一个事情，反而变成了一个减分项。

新品牌、小品牌讲故事，第一种方式可以从产品本身入手，产品即故事。对于新品牌而言，不用急着从整体上给这个品牌编出一个虚拟的故事，而是从产品层面，甚至还可以把产品的各个元素拆分去讲故事，这样就容易产生可信服的故事了。比如星巴克诞生的时间也很短，不同于那些欧洲的大品牌，它的品牌故事没有讲历史，也没有讲创始人，而是拆分产品，如原材料、香味、饮用方式，甚至杯子规格等。小品牌讲故事的第二种方式是让消费者自己生产故事，即在消费产品或者服务中发生的真实故事，之后企业再助推故事传播。但不论哪种故事来源，都要选择能击中、触动消费者心理诉求的故事，否则很难产生有生命力的故事传播。

4. 品牌故事的述事方式

在品牌故事的述事方式上，首先，做到吸引新用户去尝试；其次，要加强老客户的认同。前者可以做到让品牌快速传播，后者可以让品牌更有黏性或者忠诚度。

火爆一时的皇太极煎饼，其故事好在很多人听完都心里痒痒想去尝试一下。但是很可惜，皇太极煎饼在加强老客户的认可上做得有限，流水顾客多而停留者少。

5. 一个品牌故事撰写的样本

2011年途家公司成立，CEO罗军每个月会煮100个茶叶蛋给员工吃。他上网去查茶叶蛋的各种做法，第一天做汤，第二天煮蛋。他会把自己做茶叶蛋的每一个细节告诉同事，比如蛋怎么敲，如何让汤汁味道浸入，什么时候下料等。为了做茶叶蛋，他要晚上熬汤，早上提前两个小时起床。为了避免鸡蛋在运送过程中碰破，在茶叶蛋出门之前必须将汤去掉大部分，但仍保持汤没过蛋。他认为如果把汤全部去掉就会影响口感和入味，当然不去掉汤又会太沉，或者在运送途中溢洒。

罗军之所以这么认真地要把茶叶蛋做到极致，是想借此传递：做一个茶叶蛋尚且需要这么多耐心和心思，何况做一家公司呢？从客户的角度而言，他们听到这个故事，也会无形中相信他们的产品和服务也会做到极致，从而产生信任感。

6. 说清与说动

讲品牌故事，一是要说清，二是要说动。说清就是把品牌故事讲清楚；说动就是消费者听到这话后会行动。但是当今社会的信息爆炸，留给品牌传播者的时间非常有限。最好的品牌故事是说动；其次是说清；最差的是说不清，也说不动。这里最难的是说得动，很多品牌把故事说得很清楚，但是很可惜没有考虑说动的问题。

四、产品概念的升级

市场营销学上，我们定义产品是指人们通过购买而获得的能够满足某种需求和欲望的物品的总和，它既包括具有物质形态的产品实体，又包括非物质形态的利益。但是这个定义太笼统，操作性不强，而且在新时代也面临着升级迭代。

1. 全环节思考

管理者如果仅把产品当成价值产生的全部，可能会限制价值创造的思路。但是如果把产品当成一个环节，联想到与产品相关的一前一后，可能就会意外打开新世界，发现新的价值点。

2. 如何定义公司的业务

哈佛大学商学院教授西奥多·莱维特在研究营销"近视"方面颇有影响力。他说，问企业家他们在做什么业务时，很多人给出的答案是错误的。不能很好定义公司的业务或者产品，会造成两个方面的问题：一是目光短视，很容易被潮流淘汰；二是容易患上潮流恐惧症。

比如，如果铁路行业的人都认为自己身处的是铁路行业，那么当高速公路和航空业崛起后，铁路行业就只能在旁边看。但如果定位为运输业，那么其实就是分内的事情。探索频道的创始人在回忆录《探索好奇》中说，当互联网出现后，公司的人都忧心忡忡，但他很乐观。他说，如果把探索频道定义为一家电视频道，那就完了，因为互联网视频会极大冲击电视业务。但如果把自己定义为一家满足人们好奇心的内容公司，那情况就完全不一样，互联网视频只是又多了一个强大的渠道可以抵达用户。

另外，我在一些场合下经常会提到柯达公司的例子。它的衰落是因为一直把自己定义为胶卷公司，而不是影像公司。所以面对数码相机的崛起无动于衷，导致了后来的局面。

3. 定义产品与定义人群

2000 年，当以 QQ 秀为代表的虚拟商品销售业绩开始下滑时，腾讯内部有一场持续近一年的争论，最终得出结论是：用户的兴趣和属性发生了改变，仅靠运营商品，而且还是虚拟商品，不足以跟进这种变化，因此要将运营对象从商品改为人群。以个为单位售卖商品，跟用户之间就是纯粹的交易关系，但如果以人（QQ 会员）为单位匹配商品，跟用户之间就是一对一的服务关系。

4. 品牌经理的起源

产品经理是这几年特别火的一个词，甚至腾讯的马化腾、张小龙都把自己称为产品经理。产品经理（Product manager）或品牌经理（Brand manager）的概念最早是宝洁公司（P&G）在1923年提出的。宝洁公司麦克·爱尔洛埃是世界上第一位品牌经理。作为世界上第一位品牌经理，麦克·爱尔洛埃曾在1957年受到美国总统艾森豪威尔的赏识，并一度被聘任为国防部长。

5. 鸡蛋理论

20世纪50年代某家食品公司发现，他们的蛋糕粉一直卖得不好。尽管研发人员对配方不停改进，但是用户就是不买账，这问题难倒了这家食品公司。最终，美国心理学家欧内斯特发现，蛋糕粉滞销的真正原因是：这种预制蛋糕粉的配方配得太齐了，家庭主妇们损失了"亲手做的"那种感觉。于是欧内斯特提出：把蛋糕粉里的蛋黄去掉，让主妇们自己去找材料！这个想法被称作"鸡蛋理论"。虽然这为烘焙增加了难度，但家庭主妇们觉得这样做出来的蛋糕，才算是他们"亲手"做的。蛋糕粉的销量由此获得了快速增长。

后来，一位叫桑德拉的美国大婶根据鸡蛋理论，提出了一个"70/30法则"。就是说，如果你使用70%的成品（比如蛋糕粉）和30%的个人添加物（比如鸡蛋），这样消费者心理感觉获得的价值就会变高。

6. 产品设计的游戏化思维

将游戏化的思维融入商业，核心是让产品变得有趣，通过将流程设计得有趣而使得商业产生吸引力，甚至无法自拔的产品吸引力。

在游戏中有几个特点：一是自愿，这是游戏的基本特征，没有逼迫的游戏；二是选择，选择会产生及时的结果，加速了玩家的心理刺激；三是玩家的掌控力成就感得以实现，被感觉赋予了力量。

从这几个特征来看，其实游戏设计是洞察人性的设计。用到商业上，要做到几个关键设计：一是动机设计，二是选择设计，三是结构流程设计，四是冲突性设计。

7. 并不多余的带子

American Girl 是美国著名的玩具品牌。细心的人可能会观察到，他们的玩具包装盒上往往有一条带子。经过测算，这个带子会让包装的制作过程多 27 秒，成本增加两美分。但是公司为什么还要增加一条带子呢？

因为该玩具的创始人觉得，如果孩子在拆包装时，能等上几秒，先把带子取下来，然后从盖子下面的棉纸中取出娃娃，会让孩子有新鲜的感觉，制造出一种特有的体验感和记忆。这和直接从盒子里面把玩具拿出来的体验，是完全不一样的。

8. 简化产品体验

一些企业可能觉得产品附带更多的功能可以带来更多的附加价值，从而获得更多的客户。但事实表明，简化才会帮助品牌更快实现销售。有一项调查发现，由于某个品牌提供更简化的体验和沟通而推荐该品牌的消费者百分比为 69%，最终愿意为更简化的体验付费的消费者则有 63%。

9. 最后一英寸内的商品

索尼认为不管网络内容和服务如何变化，用户最后都需要一个与网络接触的触点，比如手机、相机、电视机、耳机、播放器等硬件，这就是索尼想要争取的最后一英寸。

10. 数据时代的产品起点

一般情况下，产品在交易完成后的服务意味着成本。但是在数据商业时代，产品交易完成后开始使用才是价值创造和获取的开始，因为客户的持续使用意味着产生数据，传输数据，连接消费。

11. 腾讯的 10/100/1000 法则

腾讯有 3400 多个产品，马化腾怎么掌控这些产品呢？

方法就是轮流使用它们。在马化腾的推动下，腾讯形成了一个"10/100/1000 法则"：产品经理每个月必须做 10 个用户调查，关注 100 个用户博客，收集反馈 1000 个用户体验。他们必须每天都到各个产品论坛去"潜水"，不仅如此还要去搜索微博、博客、RSS 订阅，因为高端用户不屑于去论坛提出问题。做产品的要主动去查、去搜，主动和用户接触。一天发现一个问题，解决好，三个月后，产品就会慢慢逼近"很有口碑"的点。

12. 不要忽略附属产品的销量

很多公司名声在外，但是真正支撑销售的可能是一个不显眼的产品。比如，麦当劳尽管每年大约销售 23.6 亿个汉堡，但是它也是全球最大的玩具经销商，它随餐搭售的玩具每年达到 15 亿个之多。比如对于电影院而言，爆米花的销售是其收入的重要来源。万达爆米花的销售额 2013 年是 4 亿元，2014 年是 8 亿元，2016 年达到 16 亿元。

13. 互联网时代的好产品定义

在移动互联网时代，好产品几乎只有一个直接标准：那就是好到用户忍不住发朋友圈，从而形成口碑经济。

14. 把握产品让人腻的节奏

7-11 的创始人铃木敏文说，很多人认为优秀商家的能力是创造出让人不会腻的产品，但真相其实是商家必须源源不断地推出美味到让人腻的产品，期待新的产品。

2013 年 7-11 曾推出过"黄金面包"，上市两个星期总销售数量就超过了 65 万个。可正当产品热卖的时候，铃木敏文却要求员工立刻开始研发新一代产品。他的理由是，作为优秀的商家不应该等到消费者生腻之后，再去开发新产品，而是应该提前研发，并在一种产品被厌倦时，立即投入到新的产品中。

15. 产品垂直化的方法

很多企业都想做垂直化，但是不知道如何垂直化。方法其实很简单，就是给自己的产品加个定语。比如有个拍照软件，可以自动把你的腿拉长。那它可以给自己加个定语，能把腿拉长一点的相机。有个软件能把照片拍成漫画，就可以说是一款拍成漫画的相机。

定语可以快速把产品定位在擅长的垂直领域里，做到细分领域的第一。有了垂直领域的地位，才有机会做大而全的事情。

16. 把卖产品做成卖场景

"美国女孩"这个品牌之所以能长盛不衰，就是因为它卖的不是娃娃，而是会设立的不同场景。她们会在专卖店设立娃娃医院，有的专卖店还有餐厅，家长可以带着孩子来这儿吃饭，甚至在专卖店开生日派对。这时候，去"美国女孩"玩具专卖店就成了一个特别的日子，玩具娃娃店成了家庭聚会的场景。

17. 到底什么是质量

《简单思考》一书中说，一件商品最重要的是质量。但很多人对这句话都有错误的理解。

想提高质量，最关键的是要精准地判断用户认不认可。如果用户不认可，无论品质有多高，无论功能有多丰富，那这些产品就是劣质的，最终只是制造方的自我满足罢了。

五、今天的品牌思维

传统的品牌思维就是基于信息不对称，传播途径单一的背景下产生的一系列品牌运作思维和套路。在传统时代，品牌五度理论（知名度、认知度、信任度、美誉度和忠诚度）非常奏效。但现在是移动互联网时代，人们获取信息的渠道多了，信息也"粉末化了"，品牌与消费者之间的关系已经进行了重构。比如，就算品牌很有大众知名度，但如果和它的核心受众是弱关系，这种知名度就失去了意义。因此，我们需要跳出传统思维去拥抱新的品牌思维。

1. 为何强调便宜的品牌都死了

保时捷、路虎、宝马价格很贵，但是开的人越来越多，桑塔纳却越来越少；诺基亚很便宜，苹果很贵，但是后者越来越受人关注。为什么？

当一个品牌贵的时候，它才可能去创新、有研发、有服务、有洞察，否则全是在减少成本、管控渠道等环节上做文章。我认为，强调便宜的基本上都是短期产品，甚至是死路一条，而强调贵的是可能做成长期品牌的。

中国具有历史感的品牌很少，其中一个重要的中国文化因素就是：我们的文化中强调物美价廉，这在某种程度上造成了中国的百年品牌很少。

2. 品牌的拟人性价值

将品牌拟人化能够给公司带来各种各样的好处，其中最明显的是它可以提高品牌忠诚度。在《消费者心理学》（JCP）2010年一篇论文中，心理学家Jesse Chandler和Norbet Schwaz发现，消费者不太可能去替换掉他们认为有拟人形象的产品，而且带有人格倾向的品牌会以微妙的方式影响使用者。早前在 2008 年由三位营销与心理学者发表在《消费者研究期刊》的一篇文章也验证了这个结论。研究者发现，使用 Apple 产品的用户变得更有创造性，经常观看迪士尼频道的人变得更加真诚。

3. 品牌的人格化维度升级

我在泉州跟企业界的一些朋友交流时，提到一个观点：未来的品牌需要更多地融入"人性"，升级人格化维度。任何品牌传播信息，真正感召的是人本身，而不是信息本身。在互联网时代，人们做交易决策有个基础逻辑，就是人才是真正的信息入口。就像我们买车、买电脑，总会咨询身边懂车、懂电脑的人的意见，这些人的信用比多少广告都管用。

4. 产品思维与品牌思维

产品思维的管理者死盯消费者的理性思维。

品牌思维的管理者控制消费者的感性思维。

5. 做品牌与获取定价权

做产品的思维是获得销量，而做品牌的思维是获得定价权。对于奢侈品而言，尤其如此。

爱马仕的 CEO 曾说："当一个产品卖得太好时，我们就停止生产它。"我们知道，法拉利每年的生产量定在 6000 辆以下。奢侈品的广告不是为了促销，它们往往不谈产品而谈梦想与未来生活。前 LV 的 CEO 在他写的《奢侈品战略》一书中说："奢侈品的终极目的是为了获得产品定价权，从而获得拓展产品的利润边界"。

6. 品牌的独特性

很多人做品牌，往往嘴里喊品牌，眼睛里实际还是盯着产品销售，而且是第一批销量。他们往往觉得，凭借着渠道、人情等获得第一笔订单，接下来就做好了。

从产品本身而言，海底捞的菜品很多火锅店都可以做到。做品牌其实是产品之外的东西去吸引市场，获得长期销量。这中间，一个独特的品牌个性首当其冲。如果品牌是一张脸，这张脸可能很美，但看过就忘，记忆力远比不上红雷兄、宝强弟弟或者玉凤姐姐。

7. 产品不见得要多完美

假期闲来看了岳云鹏的几个相声，简单总结起来他的套路就是"卖萌"动作一项 + "我的天呐"语言一项。他火起来的原因正如一件产品火起来的原因：有自己独特的定位，明显的差异化。产品不见得要多么完美，但是一定要有让市场记住的核心记忆点。

8. 酷品牌到底是什么?

在产品品牌研究上,著名的学术杂志 JCR 上曾经有人研究过"产品酷"到底是怎么回事。研究结果表明,酷是消费者内心对产品品牌的一种主观评价,自由而不受外界控制。酷要遵守既定法律,但是又要突破规则。比如苹果公司在 1984 年的广告:"你有选择,不必买 IBM"就显得很酷,但是同年的另外一个广告:"烧掉 IBM 总部"则不符合酷的标准。

有一种理论叫良性冲突理论,由美国人 Shone Snow 提出。这个理论的意思是,当一个刺激在生理或者心理上造成一定的冲突,但该冲突是良性的时候,幽默就产生了。比如你看到一个朋友滑倒,很难堪,但是又没有危险的时候,场景就变得好笑。但是如果有危险,那么就一点都不搞笑了。这一点很像酷的定义。

9. 标志的含义

一个企业的 logo 往往能够反映出企业要做什么。比如乐视 2016 年新换的标志,由原来的 LE 变为四色组成的图案,其中蓝色代表科技、红色代表艺术和文化、绿色代表互联网、灰色代表包容一切的平台。据此你便知道乐视想做的事情是多么宏大的。当然,能不能做成又是另外一件事情。

10. 做营销与做品牌

常有人问我做营销和做品牌的区别是什么？如果要求不是太严谨的话，可以用男追女的方式来区分：营销就是男生用各种方式砸钱向女生表达爱意，譬如自己展示卓越优秀的方式就是广告，买通别人说自己优秀的就是公关，总之就是投入大量金钱让女生对自己产生关注和好感，这种追求方式俗称"走量"；而品牌则是用精神共鸣引发女生主动关注甚至是产生好感，看似一分钱没花但其实投入了巨大的心思研究女生喜好期望，将自己塑造成女生心仪的类型，这种追求方式俗称"走心"。

二者的区别在于，用营销方式追来的女生，如果换一个男生用了更强大、更创新的方式，很可能就又跑了；而用品牌方式追来的女生，则是死心塌地、从一而终的跟随。（注：以上我对营销的概念是狭义的，基本上等于推广的概念。）

11. 星巴克为何不进意大利

星巴克一直以来没有进军意大利，原因是星巴克当初借鉴意大利式咖啡理念，进军意大利等于是和师父打架。意大利特浓、卡布奇诺、拿铁等很多咖啡都发源于意大利。

然而，2016 年星巴克突然意外宣布要进军意大利，马上遭到很多人的质疑和反对。但是如果我们清楚一点：星巴克卖的远远不止咖啡，而是意大利原有咖啡中不曾有的元素，那么我们就觉得这种进军不无道理。

12. 星巴克的价值传递

星巴克 CEO 霍华德·舒尔茨说，与大多数传统消费品牌不同，星巴克的品牌并不是依靠传统广告打造而成。星巴克的品牌声誉来自客户体验，而这种体验是由穿绿色围裙的合作伙伴（即员工）提供的。霍华德·舒尔茨认为，任何一家卖咖啡的公司都是星巴克的竞争对手，不过星巴克一直关注的是自身和自己可以控制的事情，因为如果自己做好了，就足以应付竞争了。

13. 每个接触点都可能产生变现

数字化网络与科技的发展不仅形成了所谓线上的虚拟社会，而且打破了线上线下的界限，开辟了全新的品牌体验领域。由于数字化，每一个品牌接触点都有可能成为购买前的最后一步。而不是像以前必须在店内这个点上才能购物，其他地方都是信息传播。

在这种情况下，只有重新定义每一个品牌接触点，才有可能让品牌有机会在这个新的时代里站稳脚跟。也只有重新定义每一个接触点，品牌主才有可能真正接触到消费者，并有机会去了解进而理解他们。

14. 品牌的傲慢营销

"傲慢"是否可以用来营销？实际上很多品牌早就这么做了。对于一些新进入市场的品牌，可以做做尝试。

试想在一个名人聚会的趴里，一个名不见经传的小子如何脱颖而出呢？方法就是表现得比这些名人还牛气，并且告诉他们你是如何与众不同的，拉一部分观众进入你的圈子。美国傲家伙（Arrogant Bastard）属于手工精酿啤酒，从来不花钱做广告却依然名声大噪。在1996年他们推出手工精酿的时候，美国人对这种精酿啤酒的爱慕仍处于朦胧时期，大多数美国人对"精酿啤酒"这一名称闻所未闻，而且绝大部分品尝过的人觉得口感实在太差。

为此，"傲家伙"在啤酒的商标上注明："此酒劲道非凡，非一般人所能享受"，还将他的品牌哲学与当时最流行和最具影响力的重金属乐队 Metallica（金属乐队）联系在一起，金属乐队从不在意别人是否喜欢它。他们还时不时挑逗一下百威、库尔斯这样的行业巨头，公司的 T 恤衫和海报上印着这样的口号："软蛋才喝碳酸黄色啤酒，传统啤酒无非是工业时代的产物。"

北京有一家类似的熊猫精酿啤酒走的路线与此类似，他们经常对尝试喝他们啤酒的顾客说："那些还在喝传统工业啤酒的人，我们坚决跟他们划清界限。"很多追求个性的年轻人于是开始以几倍的价格喝他们的啤酒，带动朋友圈一个个争先加入，成为忠诚客户。

15. 时尚产业帝国

2016 年时尚业的总价值达到 2.4 万亿美元，而 2015 年作为世界第八大经济体的印度的 GDP 是 2.18 万亿美元。也就是说，时尚产业已经相当于世界第七大经济体。

16. 奢侈品与富人分类

富人如果再进行分类，一种可以称为"暴发户"，一种叫"贵族"。"暴发户"追求的是把自己和普通人区分开来，证明自己是个有钱人。而"贵族"则根本不在乎普通人怎么看他，只要本阶层的人知道他属于这个阶层就行了。"暴发户"是在向普通人炫耀，"贵族"是在向内行证明。

这也解释了奢侈品的一个非常有趣的设计理念：同一品牌内，越是低端的类别，商标就越显眼。越便宜的 LV 包，LV 两个字母就越显眼。奔驰越是低端的系列，车标就越大。

17. 奢侈品消费的转变

奢侈品市场正在呈现出一种冰火两重天的现状：一方面老牌奢侈品继续萎靡不振，例如，瑞士手表在 2015 年对香港的出口下滑了 23%，劳斯莱斯汽车在华销售下降了 54%。法国奢侈品牌香奈儿 2015 全年财务数据显示，营业利润同比下跌 23%。

另一方面，一些个性化小众奢侈品牌则凭借年轻化与电商结合获得了利润的增长。未来个性化产品将借助互联网的联结能力，把分散的消费者连在一起，实现盈利，实现我称之为的"分散式规模化"。

18. 国产化妆品的溃败

2015 年百货店前 20 品牌中只有上海家化的佰草集这一个国产品牌，而且排名仅在第 8，其他 19 个均为来自欧美和日韩的外资品牌。整个国产日化行业尤其化妆品品牌在外资品牌挤压之下，国产品牌正全线溃退。

19. 企业国际化和品牌名变更

2004 年年初，亚马逊五名高管来华，考察联想、卓越网和当当网三家企业。最终当当网以"无法接受亚马逊绝对控股"为由拒绝了亚马逊 15 亿美元的收购。雷军创立的卓越网则在一个月后作价 7500 万美元在 2004 年 8 月 19 日卖给了亚马逊，成为其第七个全球站点。

2007 年贝佐斯来到中国，宣布卓越网正式更名为卓越亚马逊。随后，卓越亚马逊开始建立运营中心，与全球亚马逊市场进行对接，从页面布局上也开始与美国亚马逊逐步接近。四年后，亚马逊将"卓越亚马逊"更名为亚马逊中国，并启用 z.cn 的短域名。

亚马逊这种渐进式的品牌名称更名方式或许值得很多走国际化路线的企业借鉴。

20. 藏在标准后面的品牌

你想过没有：益达口香糖为什么一定吃两颗才最好，一颗不行吗？答案是，它在设立两颗的标准，形成差异化与记忆点。结婚为啥一定要钻戒？这只是当年 Tiffany 设定的一个商业阴谋，或者说它设立的一个结婚标准。圣诞老人真的是穿红色衣服，还是可口可乐的一种品牌传播工具？汉堡为啥一定要配薯条？体臭是个天生的概念还是被杜邦发明了肥皂之后生造出来的？情人节为啥要送巧克力，而且是男送女？

所有这些只是一场商业合谋，一场品牌标准的设定。好的广告要素，其实首先是建立标准，而标准又会形成习惯。习惯的力量是根深蒂固、难以改变的。当品牌消费成为一种常识的时候，你的品牌就开始躺着享受这种力量的回报了。

第四章 传播在突变

当前，商业传播正在经历着剧烈的转型，电视、报纸等传统媒体遭受冲击并在寻求自我革新的机会。消费者由于信息获取的渠道多样并且可以选择，他们对传统媒体，甚至权威媒体的依赖程度大大弱化。商业传播必须重新思考媒体与消费者的关系。

与此同时，新媒体的内涵和外延在不断地迭代与突破，移动互联网占据人们越来越多的时间，这也给商业传播带来了新的机会，数据化、智能化、人格化的传播趋势越来越明显。

一、弄懂传播机制

在实现有效的商业信息传播之前，首先应该搞清楚传播的基本原理和现实基础。不管这个世界如何改变，最终接受传播信息的主体还是人，所以要了解人。但是信息传播的环境与几年前的确有了非常大的不同，这些都是我们考虑传播的基础。

1. 传播的睡眠者效应

心理学家卡尔曾提出一个睡眠者效应，意思是说我们大脑对信息来源的认知要比信息本身的认知减弱得更快。换句话说，虽然我们会很快淡忘信息的内容，但是相比之下，我们遗忘信息来源的速度还要快。

因此在传播上就出现这样一种情形：开始的时候，消费者明明知道信息源不可信，也会不相信信息本身。但是一段时间后，大家就忘记了信息源，而信息却没有被忘记。由于忘记信息来源，也就切断了因为来源不可信而导致的信息不可信，最终人们就开始相信信息了。

2. 信息不对称的消除

互联网使得原来不对称的信息越来越对称，这个时候消除信息不对称本身也是一种商业机会。比如现在很多人不知道榴梿树多高、榴梿长什么样，如果用有一定粉丝量基础的直播号来直播，相当于提供知识，消除信息不对称。那么有些粉丝由此就会和产品产生关系，可能会带来后面的销售。

3. 隧道效应

尽管互联网使得我们每天接受的信息铺天盖地，看上去比以往更开放和自由。但是与此同时，互联网也提供了最好的自我隔绝工具：你可以通过分组、关注、删除和拉黑，把自己喜欢的东西放在自己可以看见的地方，而不喜欢的东西移出视野。

这就造成了所谓的"隧道效应"：一眼望过去，看到的全都是我们感兴趣的、赞同我们的和我们高度相似的内容与观点，隧道里没有嘈杂的声音。长此以往，我们的视野也会受到巨大的限制。

4. 盯紧有效流量

我在很多场合都强调过一个观点：流量不重要，有效流量才重要。

现在很多企业在做营销时，往往采用非常简单粗暴的办法以掩饰他们产品的缺陷和创意不足：不管用户的接受度，不管用户的行为门槛，不管产品黏住用户的能力，只管获取最大的流量。在这种情况下，营销经理变成了流量经理，用户也不再是拥有不同动机喜好、性格鲜明的个体，而是流量。他们的思路是：只要有足够的人看到，即使靠运气也能转化一些用户。实际上，很多时候就算是烧了钱，也带不来任何效果。

5. 有意识的注意力

根据神经学家曼弗雷德·齐默尔曼的测算，人类感知信息的能力大约是每秒 1100 万比特。这个数据听起来好像很厉害，但实际上人类"有意识的注意力"处理信息的能力，大概只有每秒 40 比特。换句话说，你感知到的所有信息有99.9% 你都没有真正注意过。

这也是近年面对大量信息轰炸时，品牌传播所遇到的难题。

6. 房间里的大象

房间里的大象，意思是一个大象站在房间里，但是人们似乎都没看见。这正是很多企业经常疑惑或者抱怨的问题：我们的产品这么完美，怎么人们就视而不见呢？

遇到这种问题，原因一般都是这类企业根本没认真研究过产品，也很少从消费者角度考虑问题，只是一厢情愿觉得自己的产品牛气。好的产品一定是自带传播，真正的传播是用户传播。只有做到这样，人们才会真正看到那头房间里的大象。

7. 二级传播才会真正有效

以往的广告传播强调一级传播，也就是简单通过电视、电影、报纸等传统媒体把信息发出去就完了。而今天的一级传播效果正在逐步减弱，二级甚至三四级传播成为未来传播的主流方向，其中二级传播尤为关键。

我认为，今天广告的目标不应该是把企业信息传播给消费者，而是要做到通过消费者传递给他们身边的朋友。衡量这种效果的公式可以简单表述为：二级传播效果 = 消费者朋友传播数据 / 消费者传播数据。在这一过程中，把消费者朋友发动起来是关键。那如何发动呢？

戴尔曾在人人网做过一个"Dell 存钱罐"的活动，每天完成一些任务就可以获得相应钱币的奖励，累积一定的金额就可以兑换戴尔官网的优惠价。这个游戏的关键在于，戴尔设置的这些任务完成的条件并不是用户自己完成，而是用户邀请站内或者站外的朋友一起完成。这就把用户的朋友带进来，顺利实现了二级传播。

8. 特朗普胜选与"沉默的螺旋"

在正式选举前，美国传统主流媒体及精英们几乎全面出动支持希拉里，强调希拉里的正确性，但结果那些"沉默的大多数"最终选择了川普。

"沉默的螺旋"是西方传播学中的著名理论，由诺埃勒·诺依曼提出。它描述了这样一个现象：团队意见的形成，不一定是团队成员"理性讨论"的结果，而可能是对团队中"强势"意见趋同后的结果。当人们公开发表意见时，如感觉到自己的意见处于优势时，便积极大胆地发表这种议论。当发觉自己的意见处于劣势时，为防止可能的孤立而保持沉默。所以在品牌传播中，我们要警惕这种喧闹背后的真实传播效果。

9. 心灵鸡汤文的本质

我们发现在微信公众号上，那些传播心灵鸡汤的帖子阅读量都极其高。本质上来说，心灵鸡汤并没有本质的新东西，而是传播出了一些可以获得读者认同，宣泄情绪的信息。换句话说，鸡汤文只是把读者想说的东西以某种方式说出来，并没有产生新的知识，更没有转变思维。一般而言，新知识的基本要求是：转变思维，获取新认识。

10. 蓝瘦与香菇

2016 年 10 月，蓝瘦与香菇两个词几乎一夜之间爆红，并得到海量的传播。如果我们仔细探求一下这两个词爆红的原因，无非三个：一是这两个词能被重复消费，使用群体和应用场景都很广；二是这两个词把很多人内心想表达又不好表达的情绪通过好玩的方式展示出来，很大程度上反映出许多人的生活状态；三是调侃的价值，暗示了一部分人对另外一部分人无伤大雅的优越感。

二、互联网下的媒体变革

今天的媒体结构已经发生了很大变化，一大批传统媒体已经倒闭和正在倒闭。新媒体正在重塑今天的信息传播体系，让商业信息的传播更加及时，充满互动反馈。不过，现在还不是彻底否定传统媒体的时候，它仍然有存在的理由和机会。

1. 传媒市场的变化

根据 2017 年 4 月《中国媒体市场概览》发布的广告刊例费用数据：2016 年报纸下降 35%，杂志下降 30%，电视下降 2%，硬广下降 2%，而软广植入花费增长迅猛达 34%，视频网站付费会员增加迅猛，移动程序化购买进入发展高潮。数字交易从 PC 向移动转移的趋势十分明显。

2. 传统报纸杂志成本与新媒体

传统纸媒发行成本和印刷成本加起来可能占了整个收入

的 70%，如果再去掉采编团队成本，那赚钱的效率就非常低。

但是，随着微信尤其是公众号的普及，媒体有了一个非常好的基础设施。在纸媒时代，就算是顶级的报纸杂志，发行量大概也只有几十万。微信每天有几亿个活用户，意味着这个平台上的媒体，只要有优质的内容，就有机会面对上千万的用户。这对于好的媒体创业者来说，成本就非常低了。

3. 电视这种媒体会消失吗

多年前，一群美国科学家研究发现，人们在看电视看了20 分钟之后，大部分人的脑电波都会呈现出一种 α 波形。之前的研究发现，人们只有在很平静的状态下才会出现这种脑电波。那么这就意味着大多数人在看电视的时候，大脑的活动一点儿也不积极。为什么呢？

因为看电视时，是一种被动地接受信息的状态，是一种放松的状态。现在电视中能够提供的信息内容，几乎都可能被新媒体覆盖了，但给观众制造 α 波却替代不了。不管是用电脑，还是玩手机，时间长了人都会感觉疲劳，那是因为这时候你的神经很兴奋，你的脑电波是 β 波。所以，电视广告信息仍然是最容易被记住的。

4. 光线传媒为什么放弃电视业务

2015 年年初，光线传媒完全停止了他们起家的电视节目制作。当时公司大概有 300 人做电视节目，他们大部分人只会做电视。老板王长田忽然决定将这 300 人全部解散或转岗，当时办公区一下空了一半。他为什么要这样干呢？

第一，电视行业相对封闭，并且受到互联网冲击很厉害；第二，电视行业收视率普遍做假，我们看到所有的电视节目、电视剧的收视率 90% 是假的。光线传媒作为上市公司不能，又不愿去购买虚假收视率。

5. 不同时代的传播

不同的时代，传播手段具有明显的区别。如果你生在林肯那个年代，你写的文字就能够被印成小册子传播，每个人都会读到你的演讲全文并且展开讨论；泰迪·罗斯福正好出现在一个崇尚言简意赅的年代，只要简单传播，更多在于内心的理解；富兰克林·罗斯福非常擅长与广播打交道，其说话风格和广播媒体搭配简直天衣无缝；约翰·F·肯尼迪和里根则是为电视而生的总统；奥巴马则是电视广播与互联网结合的一个传播主体。

川普在某种程度上是第一个互联网总统或 Facebook/Twitter 总统，虚拟社会的政治直接延伸到现实的演练。

6. 资本控制媒体

资本控制媒体在今天是较普遍的情形。以美国为例，传媒业主要被五大财团，即时代华纳集团、沃特·迪士尼集团、通用电器集团、新闻集团和维亚康集团所垄断。五大财团还同时控制美国的娱乐业。另外，美国报纸约有 1500 种，日销售量数以千万计，其中只有不到 20% 为独立报人所有，且发行量很小，绝大多数报纸由大财团掌控。

同时特别值得注意的是犹太财团对美国传媒业和舆论的控制。在上述五大财团中，时代华纳、沃特·迪士尼、维亚康的老板都是犹太人，其下属公司的重要领导人，也大多是犹太人。包括 CNN、HBO、ABC、迪士尼（动画台）、《纽约时报》《华盛顿邮报》《华尔街日报》《时代周刊》《新闻周刊》《大西洋月刊》和《财富》杂志等具有世界性影响的美国主流媒体，都在犹太财团旗下。

7. 品牌脱媒

品牌脱媒简单来说，就是如今的品牌塑造和传播正在脱离传统媒体。随着品牌"脱媒现象"越来越严重，用户越来越自我中心化。品牌与用户连接关系的手段变为互动。所以我有个基本的判断：公司未来基于数据的互动部门将会流行，部门主管的名字也许叫首席数字互动官。

8. 媒介话语权转变

美国二十世纪八九十年代，电视这种新媒体取代印刷式媒体的时候，整个话语权是转移的。大家认知的形式和方法都发生了变化，这时谁最先抓住新的传播玩法，谁就掌握了话语权。

如今也一样，其实互联网大体归为一个新的媒体传播玩法，和电视媒体很不同，比如手机等智能终端加上微信、微博、直播等，以及接下来与 VR 相关的体系。把它们归为媒体媒介的话，整个社会话语权结构会发生改变。

9. 三种社交媒体

社交媒体可以简单分成三类：第一类是透明媒体，指其发布的信息大众均可见，如新浪微博；第二类是黑色媒体，发布的信息私密，只存在两个人或者少数几个人知道，如短信、邮件等 p2p 的发布方式媒体；第三类是介于这两者之间的灰色媒体（Gary social media），如微信朋友圈。

按照这种分法，企业要考虑的是你的品牌信息通过哪种媒体传播才能最有效。

10. 临场化新闻

未来将会迎来一个临场化新闻时代，就是新闻现场的再次塑造。有了虚拟现实（VR）这样的技术之后，人们就能沉浸于新闻现场。对于某个事件、对于现场的认知，取决于人们的观察角度。这个观察的角度完全自主，会产生"你所见即你所得"的最终结果。

这对未来的新闻传播会产生深刻的影响。

11. VR 的两个运用

WPP 集团中国区 CEO 李倩玲认为，当前对怎么样将 VR 和营销结合在一起还停留在理论阶段，但是现在有了两个商业应用：一个是伦敦大学医学院已经开始用 VR 治疗忧郁症，他们的实验到目前非常有效；另一个使用方向是纸媒体《纽约时报》把 VR 用于深度报道内容，比如报道叙利亚的事情，不再只是平面照片，而是派一组人把现场状况拍成内容。对于这一深度报道，有兴趣的读者，可以把眼镜戴上，就能身临其境，看到战争现场。不是读文章，而是让读者直接到现场，这是纸媒的救命稻草。

12. AR 比 VR 更重要

苹果 CEO 蒂姆·库克在接受 BuzzFeed 采访时说，增强现实（AR）其实要比虚拟现实（VR）更重要。

为什么呢？因为人和人的连接是不可取代的，所以那种促进人类交流的技术就很重要。VR 的确会有有趣的应用场景，但离真实的人类交流会有点远，而 AR 基于现实又高于现实，是一种放大沟通的技术。

13. 今日头条的人工智能新闻

CEO 张一鸣在 2016 年 11 月召开的乌镇互联网大会上

说，人工智能在信息内容的创作、分发、讨论和审核上都能发挥作用。在 2016 年里约奥运会期间，今日头条的机器人累积发了 400 多篇新闻，每篇写稿时间只有 2 秒，点击率还超过了人写的文章。他们的机器人写作不是仅仅把数字填充到模板上，还会自动从图库中选择适合这篇报道的图片。

14. 广告创意行业的机器人作业

电通东京本部有一个实验室，在做创意机器学习实验。他们把历史上能够找到的所有图像，不管是纸上图像还是互联网的所有图像，全部输入到机器学习系统。之后机器开始扫描所有图像，并自己产生新的视觉图像。

这个实验如果用在创意的过程中，可能会为创意人员节省很多寻找灵感的时间。现在可以考虑利用机器把前段第一套视觉做出来，创意人员只要把这套视觉拿过来，即可做二次创作或者三次创作。

15. 新闻社交化

人们越来越习惯在社交媒体上（微博、微信朋友圈）看新闻。就说美国人看总统大选，有将近 2/3 的美国人是通过网络了解选情，而在这些人里又有一半，是用社交网络来看选情。2012 年，也就是上次美国大选的时候，还只有不到 1/5 的成年人，会用社交媒体关注大选。

也正因为受到了新闻社交化趋势的影响，企业都看重社交网络这个渠道。

16. 社交产品为何现在如此重要

这个问题与今天信息传播的核心有关。在传统的互联网时代，传播信息的核心是搜索引擎。所以那时候百度作为搜索引擎巨头，垄断了很大一部分流量。而在移动互联网时代，信息的传播方式逐渐改变，更多的是因为人与人之间的沟通、互动传播，所以在移动互联网时代，社交网络就成了信息传播的核心，这就是大家都选择做社交产品的根本原因。

17. 商业传播的速度

今天的营销传播事件，基本上两个星期就结束了。所以传统的商业传播策划的打法已经失效，以前大家可以来回讨论，严谨避免错误，这样一个热点早已经过去。过去，4A 公司最擅长的就是做 TVC 和平面，现在已经被边缘化，不再那么关键了：你很少去把一个平面广告看得津津有味。电视广告，行业里还分析得头头是道，但大部分消费者看到广告就直接"咔嚓"掉了。另外，不是在移动互联网上、手机上做的广告就叫新广告。真实世界并没有分为互联网世界、移动互联网世界，或者电视时代、平面时代。现在消费者的生活是没有边界的。唯一的解决方案是跟消费者的生活保持一致，只解决一个问题：你的商业信息如何抵达消费群。现在是旧的秩序、知识或体系瓦解的过程。

三、广告如何有效

1. 什么是好的广告文案

很多人问我，怎么才能形成一个好的文案？其实就是一句话，画面感或者场景感。

比如雷军曾经提出互联网思维的"七字诀"，但是传播度很有限，能记得住七个字具体内容的更少。但是他的"站在风口的猪"这句话传播度极广，夸张一点说，但凡上过互联网的都知道这句话。为什么？就是因为这句话有极强的、反常规的画面感。

要创造这种画面感的文案不容易，但企业本身也会抹杀一个好文案，这是我的一个亲身感受。有时候帮企业写了一个很好的文案，却被企业否决了。原因是他们觉得太不严肃，而且不够全面包容企业的业务。不断反复修改，最后就成了一个很平的文案，影响力减弱很多。

2. 苹果的公关文稿

Cameron Craig 曾负责苹果亚太区的公关事务，他在

2016 年的《哈佛商业评论》上撰文说，苹果对外的沟通方式都非常注重简单易懂。如果你用任何一篇来自苹果的新闻稿进行阅读水平检测，那么它很可能会被判定为 4 年级学生或以下都能够轻松看懂。在编辑过程中，任何一点行业术语、陈词滥调或是与电子技术相关的复杂词语都会被删除。如果一个"最为普通的人"不能够明白苹果在说什么，那么他觉得这就是他们的失败。

史蒂夫·乔布斯在世时，会亲自阅读并批准每一则新闻稿的发布，会对文稿进行阅读水平检测，在 1 ～ 100 分的区间内确定语言难度。理想状况是，苹果的文稿内容只需要 11 岁儿童的教育程度即可读懂。乔布斯觉得沟通内容越简单，就能够接触到更多的受众。

3. 无意识文案模仿

2016 年 8 月 8 日，里约奥运女子 100 米仰泳半决赛，中国选手傅园慧接受采访时说："我已经用了洪荒之力"并配上搞怪的表情，快速走红网络。各种借势的广告文案也借"洪荒之力"这个词来了一大波。

借热词做传播文案的确是一种低成本、降低风险的偷懒创意模式。如果问为何要这样做，很多人的回答也许只有一个：因为别人都在这样做。这种无意识模仿行为是目前品牌传播中的常见现象。由于每天的热点单靠模仿恐怕难以为继,传播上我们真正需要的其实是"反模仿"。

4. 文案的表述变化

一家航空公司的打折机票的文案是这样写的:"机票便宜,购买方便",中规中矩,没什么新鲜感。如果改成"我是怎么欺骗航空公司,买到这么便宜的机票的?"用第一人称的口吻去写,能增加真实感,有一种个人用户战胜了公司巨头的感觉。

回到顾客视角去重新考虑文案,是很多广告人需要去学习的技能。

5. 广告即时间

随着媒体形式越来越多元化,消费者的时间越来越碎片化,广告想要吸引消费者的注意力也越来越难。所以,广告已经不再是传统意义上的广而告之(即信息即广告),而是更精准,更聚焦于小圈层和小社群。

在这一阶段,广告的成效取决于对消费者时间的惨烈抢夺,只有抢到了消费者时间的广告才是有效的。

6. 传统广告的失效

由于大量的导购网站、比价网站、用户推荐、评测、电商好评率、社交媒体等,消费者已经越来越不需要从品牌方的口中得知品牌哪里好、功能如何强。换句话说,品牌传统广告的控制"推"的方式正在失效。

7. 朋友圈的员工广告

MSL Group 的一项调查显示,员工参与宣传可以使品牌信息的传播率提高 24 倍,并且在受众群体中得到的共鸣更佳。爱德曼公关的报告亦显示,在消费者心目中,员工的可信度是公司本身的 6 倍。

当然,很多员工非常害怕帮忙转发公司宣传,一来觉得是虚假广告不愿意转发,二来总打广告容易引起好友亲属的反感。

8. 广告的传播语言套路

电视广告何其多,套路其实很简单。

一个好的品牌传播信息或者广告故事脚本,在构成上要么是制造向往,要么在解决问题。在此基础上,再用一种独特的、有记忆的语言表述出来即可。

9. 广告创意的三种洞察方法

一是寻找联系:寻找目标消费者情境和其他消费者情境之间的联系——不论过去的还是现在的。例如,日本人为了了解他们如何成功偷袭珍珠港,不是研究夏威夷,而是审视意大利人与英国人之间的地中海战役。

二是寻找矛盾：针对市场中的行为和信念之间的不一致之处。

三是寻找突破的绝境：通过研究似乎注定失败但突然成功采取行动扭转命运的品牌。深陷困境的消防员之所以熟练地掌握以火制火的技能，是通过再次引发一场火而设计出一条逃生路线做到的。

10. 广告的信息告知与行为触动

很多公司的广告都在用"投放"这个词，这个词意味着广告部门只负责信息对顾客的告知，而没有把要点放在对行为的触动。因此，这造成了一些公司投放了很多广告，但是对顾客行为触动者极少，也就是广告失效。

我在这里强调的并不是精准投放、效果评估这样的话题，而是投放这种思维的转变。因为这种思维是处在两种情形下产生的：一是广告与销售部门的分离，广告不管销售；二是效果无法评估，只能看各种投放的曝光量。

现在这两个条件都改变了，因此我们的广告传播思维也要跟着改变。

11. 硬广告影响力越来越小

现在电视剧中间插播的广告时间，观众基本上都从大屏转小屏或者离开电视了。因此对于电视台而言，硬广告的广告收入会越来越低。目前电视台的硬广告收入可能不到 1/3 了，再过两年会更低。

未来硬广告会逐渐转到跟内容结合，原生广告（Native Ads）会大行其道。我们甚至大胆预测，未来综艺、电视剧中间插播的广告会消失。

12. 为啥好软文也不奏效

很多广告不奏效（包括一些公众号大号写得很牛的软文）的原因之一，主要是用户看到信息到行动的时间被拖得太长，商家甚至没有提供信息到购买的直接通道。这种通道在今天的移动互联网时代其实很容易解决，主要是思维还没有改变。

社交广告未来会越来越受到青睐，原因是社交广告缩短了信息与用户购买决策之间的过程。传统广告主要通过展示广告、搜索广告、电商站内推广等渠道投放，分别去引起消费者关注、产生兴趣、比较再到购买转化，整个用户决策影响链条较长。

13. 移动端的广告趋势

以阿里巴巴为例，其移动端的收入来源已经差不多 85%

了。如果激进一点说：PC 互联网这个词不久可能都消失了。

14. 伪 VR 广告

目前在网络上能看到一些所谓的 VR 广告基本上都是伪 VR，差不多等同于 3D。把 VR 用在营销上时，必须要确定能否给消费者带来全新的体验。如果没有差别，在 VR 上面的投资是浪费的。

VR 还要看内容是否有互动性，如果内容没有互动性，建议不要用 VR。

15. 奈飞（Netflix）的无广告模式

曾推出《纸牌屋》的奈飞首席内容官泰德·萨兰多斯说，奈飞不卖广告，所以不做收视数据。奈飞的商业模式是以订阅用户为核心。

奈飞的会员费是最低每月 8 美元或每年 96 美元。这让奈飞只需要考虑订阅用户的增长而不用去想收视率，所以不用被收视率绑架而做无效的流量，要把心思真正花在如何寻找和保留用户上。

16. iPhone 7 的广告

中国人似乎特别喜欢以"大"彰显地位，于是福特来中国把福克斯加长了、标致 307 加长了、宝马改变了标准的 1：1 的前后比例、保时捷推出了让忠贞粉丝流泪的暴丑车型 Panamera。苹果如何把"大"这个概念在广告中变得高大上呢？仔细数一下 iPhone 7 中文广告，你就会发现这个 30 秒的广告中竟然出现了 10 次"大"，分别强调了"有史以来最大""巨大""尺寸变大""也是大啊""大事儿""特大事"等，综合重复一个概念。

这支广告还是一如既往的苹果格调，背景纯白得带有一些洁癖的完美主义意象。这个广告没有明星出现，但是仔细听能发现旁白的是姜文。为什么是姜文？因为他代表着酷 + 男人 + 才华 + 格调。而姜文的声音识别度非常高，在明星中几乎不用看人便知。当然葛优和赵本山的声音识别度也好，但似乎格调不及姜文。

苹果的广告形式简单，但是细节的酝酿和配置却很复杂，这才是功夫活。

四、怎样把品牌推出去

传统的品牌推广都是企业自己设定好传播信息，花钱找媒体传播这些信息。在媒体可控、个人传播渠道极少的时代，这种方式是很奏效的。但是在今天互联网零成本、零等待、零代言的时代，很多品牌推广的方式都开始失效。

1. 推广新概念的办法

沃顿商学院管理学教授 Samir Nurmohamed 有篇研究论文叫《食用蚱蜢：如何把负面印象转变为积极行动的归纳》。该研究阐述了公司和个人如何在推广某种颠覆常理的新概念时达到最佳效果。

他们将食用昆虫作为案例研究，发现用消费者熟知的措辞介绍激进的创新产品，即想办法"调低或者调回"新概念的新奇程度，最有可能被消费者所接受。

2. 如何评价意见领袖的价值

很多公司想找意见领袖为自己的品牌做推介，但是在找意见领袖时采取的方式却极其简单：看粉丝数、听中介机构的推介。这两种方式其实都非常不靠谱。

如果有第三方公司能够根据目标意见领袖与其他人的连接频率、连接强度、连接模式等画出"社会图谱"，为品牌精准推广提供服务，才能做到基本靠谱。目前这也是一种商业机会，应用的场景也会非常多，当然有能力做的企业也不多。

3. 关键人传播

互联网营销往往呈现零成本、零等待、零代言三个特点，在这个大前提下做互联网营销最高效的方法就是"关键人营销",也就是让好的产品找到对的用户。

如何做呢?第一步是确定卖点,第二步是寻找关键人,第三步是让关键人行动,促成关键人的体验,再进行分享传播。

4. 负能量营销

营销往往都是正能量的,但是也有因为负能量营销而大火的。

日本咖啡 UCC 联合 Facebook 网红"每天来点负能量"合作推出一组广告。其中有像这样的文案:"一切顺利就觉得自己真行,遇到麻烦事就怪水星逆行"。2015 年突然在台湾网络爆火的"每天来点负能量",是一个叫"键人"的台湾男生组建的 Facebook 小组,专门吐槽那些每天都要来点正能量的假积极。他因为精准的吐槽和耿直的大实话赢得了许多台湾网民的心,如今已经在社交网络拥有超过 60 万的粉丝群,还出版了自己的负能量语录合集。和这个网红合作,UCC 的目标受众很明确:那些忙碌的都市"大人们"。这款咖啡有罐装和瓶装两种,卖点是无糖、零卡路里和非速溶,适合那些工作节奏快、压力大、又要追求生活品质的上班族。

5. 发送表情订比萨

20 世纪 60 年代，达美乐比萨（Domino's Pizza）以三家小店在美国密西根郊区起家，如今已经发展成为继必胜客之后的美国第二位。达美乐目前在全球 80 多个国家开设分店，每天的比萨送货量超过 100 万。

达美乐的顾客现在可以通过表情符号在网上订比萨。这里面透露了什么信息呢？不仅仅是好玩这么简单，其实这是在互联网技术下如何简化购物流程，给顾客更好购物体验的一种尝试。试想，如果他们能让很多购物语言变为表情发送出去，消费者就不用费那么多口舌讲那么多话了，直接发送一个动作表情就可以完成购物。

这里我受到的启发倒不是表情购物这个事情，而是他们改善购物流程的心思。

6. 如何用员工做传播

美国连锁超市 Target 某一收银小哥长得像歌坛小鲜肉 Justine Biber，以前没怎么有人注意。但 2014 年的 11 月 3 号，一张偷拍照片被传到 Twitter 上，小哥瞬间变网红，12 个小时内涨粉 30 万，还上了不少网站头条。于是机会来了，Target 的社交媒体宣传团队身手敏捷，当晚就在官方 Twitter 发出一条响应帖子"We heart Alex, too"（我们也爱 Alex）。

这一条简单帖子就获得 26000 条转发和 44000 条点赞。员工火了，店铺也借势蹿红。

员工可为抽象的服务带来真切的感动，他们的故事能帮助零售品牌传递人性化的感触，千万不要忽略他们的力量。

7. 消费者本身成为渠道

消费者从来都是产品和品牌的重要传播者，但现在消费者作为传播渠道的角色越来越重要了。在微信、微博之前，还没有哪个媒体或者工具能够像他们一样，让一个消费者成为一个快速、便捷的传播渠道。

8. 让用户主动传播

让用户主动传播最常用的方法有两种：一个是给予用户好处，比如用户转发就送他们代金券，分享给朋友就送打车券；另一个是帮助用户塑造自己想要的社交形象，帮他们说出自己平时不会主动说的话，比如发布美颜照片、能够展示自己阅读品位的书单、分享听歌风格列表等。

9. Airbnb 的用户传播

很多人把 Airbnb、Uber 的成功看成是他们营销方式的成功，再加上媒体的推波助澜，但事实上绝非如此。他们得

益的是产品本身解决了问题，其次是用户之间的传播。记得
Airbnb 的创始人曾经说，当有一天人们在周末谈的不是他去
哪里玩了，而是说："昨天有一对来自瑞典的兄妹住在我家，
太有意思了！"他就知道他成功了。

用户传播第一位，其次才是媒体。现在很多企业太把注
意力放在媒体传播了，舍本求末。

10. 分享营销

卡拉丁是一家做汽车保养的 O2O 公司，是一个在美国
留学的学生回来创业做的。刚到北京做市场的时候，卡拉丁
就先找了 100 位车主，然后给这 100 位车主做一次免费的上
门体验，体验的产品就是给这些车主的车换一个防 $PM_{2.5}$ 的
空调过滤网。对于这个免费的体验很少有人会拒绝。体验过
程也很简单，几分钟换好过滤网之后上车，把空调打开进风，
卡拉丁的员工会拿着测试 $PM_{2.5}$ 的仪器放在进风口，车主就
眼睁睁地看着 $PM_{2.5}$ 的数值从三位数降到两位数，最终降到
个位数，确实特别有效。获得这一整套的免费服务，车主只
需要做一件事，那就是拍两张过滤前和过滤后的数字对比
照片，再拍一张带卡拉丁字样的照片，分享出去就可以了。

11. 增长黑客

增长黑客是近段很流行的互联网热词，它是介于技术和

市场之间的新型团队角色，主要依靠技术和数据的力量，来达成各种营销目标，而非传统意义上靠砸钱来获取用户的市场推广角色。他们能通盘考虑影响产品发展的因素，提出基于产品本身的改造和开发策略，以切实的依据、低廉的成本、可控的风险，来达成用户增长、活跃度上升、收入额增加等商业目的。

简单来说，就是低成本甚至零成本地用技术来让产品获得有效增长。随着流量费用的剧增，增长黑客成为很多企业需要培养的对象。

12. 引导传播

在今天传播通道如此丰富的时代，企业的传播角色应该从传统的运动员卖力表演，向主持人设定有趣的规则，引导消费者创造与自分享内容转变。在今天自媒体如此发达，"传播脱媒"现象越来越严重的情况下，如果还是原来的传播思路，企业会发现传播越来越失效。特别是，如果企业老板不清楚这一点，企业就会陷入不明不白就死了的危机。因为营销人员也许会把广告布局在老板视野和活动场所周围，让老板觉得很开心，但是消费者却丝毫没有看到。

记住一点，严格来说是消费者拥有品牌，而不是企业，因此他们自己创造和传播，能使得品牌黏性更高。

13. 互动营销

这里提供可口可乐的两个小案例：

（1）2013 年 9 月 12 日，印有世界杯图案的可口可乐专机载着"大力神杯"从 2014 世界杯主办国巴西正式出发。这个"大力神杯"要造访 90 个国家，全程 15 万千米。2014 年 4 月 7 日，当"大力神杯"来到第 8 站中国站，在太庙初次亮相时，球迷为之疯狂。可口可乐仅仅是让球迷跟"大力神杯"近距离接触，拍张留念照吗？不会这么无趣。这些现场拍摄的照片立等可取且都有编码，人们随后可以凭编码到世界杯官网下载照片的电子版。这次活动，可口可乐搜集了几百万张与"大力神杯"合影的球迷照片。你虽然默默无闻，但也同样被载入世界杯活动的历史档案。

（2）从 2014 年 4 月开始，可口可乐又在全球发动人们将照片通过 Facebook 或是 Twitter 等社交网络上传至活动网站。在全球瞩目的世界杯揭幕战之前的全球直播中，你上传的照片会和来自世界 207 个国家，超过 20 万球迷的照片一起，出现在一面由 192 块印刷尼龙布板缝合而成，占地 3015 平方米的巨型"快乐帜"上，而这块全球最大的数码制作"相片拼图"旗帜，满满地铺陈在整个圣保罗足球场上，通过实况转播，全球有 10 亿观众看到这面充满设计感的旗帜。如果你在现场或电视直播中找不到自己照片的位置，谷歌地图可以来帮你。你发送的不只是一张照片，而是世界杯的一部分。

14. 情绪唤起与病毒传播

美国权威学术杂志《营销学研究杂志》发表的标志性论文《如何使在线内容实现病毒式传播》中，学者 Jonah Berger 和 Katherine Milkman 研究了情绪如何促进社会传播和病毒式传播。

他们的结果表明，情绪会促进社会传播。引起高度情绪唤起的内容更具病毒传播性，不论这些情绪是积极的（敬畏）还是消极的（如生气或焦虑）。如果营销内容唤起特定情绪，这些内容就更有可能被分享。具有吸引力的优秀广告应该超越单纯的情绪联系，而要达到一个更本能的生理唤起状态。

15. 在有传播力的地段开店

有一个面包品牌把它的第一家店开在了中关村，因为这里有很多互联网公司。在开业前几个月，这个品牌就开始在这一带搞各种免费试吃，聚集了一批用户。由于这些人线上传播能力很强，加速了新品牌的口碑传播进程。

16. 对负面新闻回应也是营销

特斯拉刚出现的时候，《纽约时报》就声称特斯拉的电池会造成爆炸。马斯克第二天就找到了记者，请他开特斯拉试一试，以实际行动反驳他的观点。无论媒体有多少关于特斯拉的负面报道，马斯克都会第一时间站出来反驳，并且告诉他们特斯拉是如何改进的。他觉得对负面新闻，一定要及时还击。在这样来回的斗争中，对公司本身也是一种营销。特斯拉现在已经形成了一套营销系统，每一次对负面新闻的反驳和说明，都让消费者更加了解这个产品。

第五章　互联网与网红经济

Xin shangye siwei

　　互联网打破了时间和空间的限制，以其快速的连接资源能力和传播能力，正在快速改变着商业世界。而今天的企业，一部分无动于衷，一部分无比焦虑，也有一部分人把互联网过分神化，离商业的本质越来越远。

　　网红并不是今天移动互联网的独特产物，任何时代都会有类似的成为众人关注力中心的人物。但是移动互联网的便捷性和及时性加速了网红的 IP 化和外显化，以人为商业核心的格局正在形成。

一、互联网的新格局

互联网市场是这几年中最为喧嚣的商业市场，资本进进出出，新企业进入，旧企业落幕每天都在上演。在一轮轮涨潮落潮之后，新的互联网格局初步形成。

1. 互联网的三次进化

"美国在线"的创始人史蒂夫·凯斯于 2016 年出版了一本书《第三次浪潮》。这本书里进行了三次互联网进化的划分：

第一次浪潮是科技公司开发出硬件和软件，让人们可以接入互联网，提高工作效率；第二次浪潮是如搜索、社交和电子商务的纯互联网公司崛起，让人们可以方便地使用互联网获取信息、购物社交等；第三次浪潮是连接无处不在，包括线下的实体部门和线上连接，这种连接的影响力会改变线下的实体商业。

2. 未来应用信息技术的三次浪潮

源码资本创始人曹毅把应用层信息革命分为三大浪潮，分别是"互联网＋""智能＋""全球＋"。

互联网是在线化搬家的过程，即线下的经济行为搬到线上。比如门户网站是媒体的在线化搬家，电子商务是零售的在线化搬家等。"互联网＋"的前半段是"PC 互联网＋"，后半段是"移动互联网＋"和"物联网＋"。"智能＋"是把人工智能和大数据技术应用于各个行业。Uber、Google 未来可以在出行领域提供个人定制化的出行服务等。"全球＋"是指美国公司和中国公司给其他国家和地区提供优质的信息产品服务。

3. 中国互联网在引领全球营销变革

很多国际品牌在中国普遍感到很无力，原因之一是中国在互联网领域的发展一定程度上处于世界领先水平。一些国际性品牌以往在中国遇到问题总是向总部求救，而总部现在也不知道该怎么办。因此，解决方案取决于如何利用中国市场的多变性和快速变化机会，创造一些在世界其他地方没出现过的营销方案。

4. 超大型企业互联网时代的解体

根据科斯的交易成本理论，企业的边界取决于企业内部交易费用和社会交易费用之间的平衡点。企业之所以能存在，是因为有些事情在社会中交易成本太高。比如让陌生人一同协作去做一件事，这个过程中需要大量的沟通、监督、决策成本，生产出来的产品市场也未必能接受，所以这个交易的成本就非常高。而企业的存在就是把大家聚在一起，让内部人为同一目标努力，让大众也更容易接受企业所创造的东西，这就大大降低了交易成本。

企业越大，内部信息不对称就会越严重，决策会越来越慢，会出现官僚主义。也就是说内部的交易费用会越来越高，当有一天跟社会交易费用的水平相同时，企业就到了自身增长的极限。在互联网时代，很多交易成本大量降低，这使得超大型企业变得非常不经济，未来这些企业面临着解体。

5. 线上行业集中度正在加强

由于互联网的超强链接能力，线上行业集中度在迅速加强。流量都高度集中在微信、微博、视频和一些刚需软件，如滴滴和饿了么，其他 APP 的打开度越来越低，越来越多非金字塔端的 APP 得不到用户。

6. 为何会频繁发生互联网公司合并

随着人口红利衰减和移动终端设备增长变缓，同一行业几家公司都可以高速发展的时期过去了。现在如果要实现快速发展，就需要通过精细化运营。精细化运营首先要消除的就是竞争，还有双方制造出来的矛盾，才能进行下一步动作，这就需要合并。

接下来整合还会继续，但会从合并同类项式的整合，转向上游对下游的整合，大家一起合作共赢。

7. APP 市场的集中度

移动应用优化公司 Senor Tower 发现，App Store 已经被大的应用开发商垄断，想要做一个独立应用开发商越来越难。Sensor Tower 数据显示 2016 年第一季度，App Store 总下载量为 138 亿次，总营收为 143 亿美元，而前 1% 的约 62 家应用开发商获得了 70% 的下载量和 94% 的总营收，合计 134 亿美元余下的 900 万美元则由 6200 家应用开发商瓜分。

8."APP 们"的生存

"App 们"要生存主要有三条路：一是冲 App Store 的排名；二是做垂直精品用户；三是想办法接入 BAT 生态体系，尤其是微信端、支付宝端的接入。

微信应用号的开启进一步加速了"APP 们"向微信靠近的进程。应用号的投入使用意味现在很多 APP 的功能直接可以在微信上完成，相当于把众多的 APP 接入了微信端口。用户不再需要在手机上单独打开 APP，而是从微信上打开应用号。这就会逐渐形成一个以微信为中心的 APP 生态体系，进一步加强微信流量的中心地位，成为微信的"吸星大法"，吸取用户，也吸取开发人员。

9.对移动互联网的几点商业考虑

关于对移动互联网的商业考虑，可以从以下几个角度去寻找一些答案：

①移动设备访问量已经占到差不多 66%，因此任何 PC 网站建设要适合移动设备的访问；②支付接口一定要考虑

支持移动支付，尤其微信、支付宝支付会在未来发展很快；③电子商务网站除了商品本身，还要注重提供的内容和社交性；④根据思科公司 2016 年的预测，两年后视频流量占到消费者互联网总流量的 69%，视频传播会成为品牌推广的焦点工具；⑤移动设备使得用户"永远在线"，因而是否可以全天候地及时回应会成为品牌的一个竞争亮点。

10. 移动端的趋势

根据 2016 年年底的数据，移动端的收入占阿里巴巴国内电商平台总营收的 77.6%，已经成为电商营收的主力军。

11. 浏览器对于 PC 互联网的意义

当年微软之所以对网景这么警惕，不惜一切代价的一个重要原因就是，网景浏览器可能会颠覆微软操作系统的根基，因为人们在互联网上的大多数行为都可以通过浏览器完成，而非借助操作系统。

以这个逻辑，到了移动互联网时代，我们大多数行为移到了 APP 上，而作为整个 APP 的微信、微博、支付宝、Facebook 等平台就显得极其重要了。

12. 当今的互联网游戏市场

对于中小游戏商而言，游戏市场这几年整体而言都不好做，一个原因是整个资本市场的低迷，很多中小开发者和厂商不能融到更多资本，没办法开发更高品质的游戏；另一个原因是流量获取成本大幅增加，流量的红利时代已经过去。

13. 电影的互联网化

根据猫眼电影的数据，2016 年电影购票线上率达到了 76%，这意味着 10 个电影观众里面，有超过 7 个是在网上买票的。中国电影在购票这个环节的互联网化程度，已经超过了北美。

14. 电视与互联网的联合

美国电信运营商 AT&T 在 2016 年 10 月宣布将斥资 854 亿美元收购时代华纳，这将让 AT&T 这家电信巨头转型为在线媒体运营商，同时这也将是 2017 年全球最大的一桩并购案。这种电信与传媒的联合，或许值得国内相关的企业深思。

AT&T 是美国第二大移动运营商，其前身是由电话发明人贝尔于 1877 年创建的美国贝尔电话公司。时代华纳旗下拥有 HBO、DC 娱乐、华纳影业、CNN、TNT、TBS 等品牌，是目前全球最有影响力的传媒公司之一。

15. 有趣的古巴互联网

古巴的互联网基础设施非常落后，全国只有 5% 的人能访问互联网，而且是速度奇慢的拨号网络。怎么办呢？在这种情况下，古巴人使用了古老的智慧：用移动硬盘传递数字内容。硬盘里的内容每周更新，被称为 El Paquete Semanal（西班牙语，意为"每周包裹"，简称 El Paquete）。一个和常人无异的大妈，很可能每天早上离家，步行很远找到一位"信息贩子"，把一个个 TB 级的移动硬盘拷满电影、电视剧、杂志。然后，她把硬盘带回家，通过口耳相传，卖给朋友、邻居……我把古巴的互联网称之为"移动硬盘互联网"！

二、互联网思维的核心

互联网思维这个词提了好些年，但是很多人并不理解这个词意味着什么。一些人不以为然，一些人过度神化。互联网是工具，而不是目的。互联网盛名之下，商业的本质并没有多少改变。

1. 互联网的本质是效率

不管是 PC 互联网还是现在的移动互联网，都只是工具，对产品的创新归根结底还是对人性的洞察，只是技术进步让人性与产品变得易于连接。企业盲目的互联网转型毫无意义。

很多工具的进步都是为了提高效率，拉链的发明不是为了好看，而是提高了穿衣服的效率，今天互联网最重要的作用是提高了资源整合的效率。

2."互联网＋"与"＋互联网"

对于绝大部分的企业而言，不是"互联网＋"的问题，而是"＋互联网"的问题，主次本末需要理清楚。

归根结底，互联网其实只有一个作用：提升效率，包括连结人、财、物等各种各样资源的效率，扩展边界。

3."新技术＋"接替"互联网＋"

近三年，O2O 从最初团购时代的野蛮生长，到了如今正在以 AI 和大数据为主要驱动力，进入技术主导的智能时代。其他像互联网金融、电商物流等多个行业均已经从最初的粗放经营模式过渡到以技术为驱动力的精细化经营模式，甚至连名称都改成了"金融科技"和"物流科技"，以体现科技在其中的重要作用。

所以，"新技术＋"是下一个时代特征。硅谷大佬们当前的投资转向，已经从纯互联网的投资转向了新技术投资，也正好印证了这个观点。

4. 周鸿祎的互利网思维

当年，周鸿祎和马云一起运营雅虎中国时，因价值观冲突而分道扬镳。但周鸿祎这个人的很多思维还是很值得称道的，他说："在互联网上，只有以巨大的用户群作为基础，百分之几的付费率才能产生足够的收入，才有可能产生利润。"所以互联网首先是获取用户，其次才是抽取一部分利润。

短期内获得互联网极大的用户量，在商业模式上主要有两种：一是降低钱的门槛，低价甚至免费；二是降低产品使用障碍门槛，化繁为简。

5. 入口的价值

入口即用户，用户即价值。以移动端而言，微信是最大的入口；以线下端而言，各个公众场合的 WiFi 链接是最大的入口。微信已经在公众号开通微信链接 WiFi 的功能，直接链接其全国各个地方的 WiFi 资源，获得用户数据，此布局为腾讯的场景价值增值不少。

6. 流量的消退

现在很多公众号、直播、视频等流量都有消退的迹象。这很容易理解，流量取决于用户的数量和点击频率。目前的情况是，用户的增量已经非常缓慢，能刷网的都已经开始刷了，而在存量里面争夺流量的自媒体却越来越多，使得单个媒体分配到的流量越来越少了。

7. 围绕互联网的三类公司

互联网就像自来水一样，围绕其的三种不同类型的公司为：①自来水公司；②拒绝用自来水的公司；③利用自来水来提高生产力的公司。当然，没有必要所有的公司都变成自来水公司，毕竟你不生产水，但是也没有必要自己去挖井取水，利用自来水提高生产效率是非常必要的。

8. 中小企业在互联网面前该做什么

面对"互联网＋"的热潮，很多中小企业开始思考如何进入大数据、云计算、支付平台、IT系统等，但是在BAT的笼罩下，哪里需要你中小企业做什么事？费力而无用，甚至还没有建成就已经拖死。

绝大部分的中小企业面对移动互联网的机会，其实就是利用好BAT建立的基础和接口，瞄准某个垂直细分领域，把事情做专，优化供应链和成本，把BAT涉及的门类落地。

9. 互联网时代的财富分布

在传统年代，由于社会组织是散落状态的，所以很多小的区域容易形成独立系统，在这个系统里会有很大的生存机会，比如张三在张庄、李四在李庄可各办一家商店。当然每个村庄都可多容纳几家商店，只要商店不门对门，都可以相安无事。尽管都不宜办得太大，但可以各种方式独立生存。

在今天"链接"无处不在的时代，由于传导渠道的通畅，甚至四通八达，整个社会的资源和财富开始往极少数人手里集中。今天做"小生意"的机会越来越少。同样由于互联网解决了信息的对称性，倒买倒卖也没有机会了。社会也因此失去了众多中等收入机会，更多的人被打入工薪阶层，让收入分配、财富分配出现更为严重的分化。

10. 互联网所代表的分布式管理

凯文·凯利在《失控》中提到互联网所代表的分布式管理的几个特点：没有强制性的中心控制；次级单位具有自治的特质；次级单位彼此之间高度连接；点对点间的影响通过网络形成了非线性因果关系。这几个特点准确描述了"互联网＋"时代下组织变革的重要趋势：扁平化、网络化、垂直化、自组织、分权化、民主化、社会化、国际化，不仅确保组织高效灵活运行，而且极大激发了组织成员的创新能力。

工业时代，信息自上而下，依靠信息垄断形成了等级分明的科层组织结构和管理方式，一切都井然有序，一切都可以预期。然而，互联网时代，信息垄断被完全打破，"失控"将成为常态，一旦错过机会，闪电战将进入拉锯战，也就丧失了战略优势。只有网络化的企业，才能适应网络化的世界。

11. 互联网平台三原则

阿里巴巴首席战略官曾鸣教授提出了互联网平台三原则：

第一，设计理念必须是点到点的网状结构，而不是线性控制，一开始就不能做成一个封闭的体系。

第二，不要事先预设太多结构和关系，而是鼓励点和点之间的互动。淘宝旺旺就鼓励买家和卖家互动，而当时 eBay 是不鼓励这种互动的。

第三，开始时平台上的角色不能被太清楚地定义。如果一上来就是严格管理的计划经济模式，每个角色都被事先规定好，这个模式就没有了可能性，它只有优化，不能演化，长不出新东西。很多对平台未来价值最大的人都不是预先设定的。角色的分工和合作是逐渐演化出来的。平台化、生态化的本质就是特定领域社会分工、合作重构的过程。

12. 互联网的渠道价值

对于很多平台型的互联网媒体而言，需要考虑的最核心问题不是内容。微信也好，微博也好，今日头条也好，实际上都不是自己做内容，本质上是通过产品把用户吸引过来，通过用户的聚集产生内容传播的渠道。互联网媒体公司表现出来的更多是渠道价值。像微博、微信、今日头条这种新媒体，按照个性化推荐分发或者通过社交关系形成传播，可以通过规模和算法不断提升信息和内容的获取和传播效率。

13. 为何 SEO 思维不好

我不喜欢网站建设的 SEO 思维，为了拉流量，设置各类关键词，把网站建设得极其丑陋，体验感也极差。

这样的 SEO 把用户引来了又如何？最终的用户转化率非常低。有那个功夫，不如把心思放在真正的体验感上。互联网的产品"无物化"，体验感就变得极其重要。

14. 从品牌忠诚度到产品忠诚度

品牌忠诚度在某种程度上是信息不对称的产物。信息传播越快，品牌忠诚度的维持就越难。在今天这个互联网时代，信息越来越透明的时代，品牌忠诚度越来越轻了，产品忠诚度的分量会越来越重。

15. 别逗了，互联网啤酒

看到某著名啤酒企业董事长讲的一句话："只有符合互联网规律，利用大数据，让消费者感到惊喜的啤酒，才是真正的互联网啤酒……"

互联网绝对是个好工具，但是千万不要着魔了。

16. 选美比赛怎么好像消失了

你可能觉察到，电视台现在很少有选美比赛了。即使有，关注度也下降得厉害。其中重要的原因，还是互联网的冲击，以前只有通过电视选美比赛才能享受的视觉盛宴，今天可能随时都有。

要改变选美行业的窘境，第一要改变选拔模式，结果不再是评委和赞助商说了算，必须把选择权交给粉丝和用户；第二要改变选美大赛呈现方式，直播也好，网综也好，都是可以利用互联网优势将美丽产业最大限度扩散的工具；第三要改变传统选美大赛的盈利模式，不能只把赢利点吊在赞助商一棵树上。

三、IP 与网红经济

好的 IP，其衍生的商业能力是非常强大的。在新经济时代如何塑造和抢占 IP 是很多企业必须要考虑的重要问题。与 IP 相关的另外一个概念是网红，算是 IP 经济中的个人 IP 分支。网红经济在 2016 年可以说是一个爆发的起点，尽管目前不像一年前那么喧嚣，但是整体生命力依然很顽强而且值得重视。

1. 迪士尼的核心竞争力

1984 年，迪士尼与中央电视台达成协议播放《米老鼠与唐老鸭》。时任迪士尼公司的 CEO 迈克尔·艾斯纳亲自飞赴北京与当时国家广电部副部长一起出席在长城饭店举行的发布会。此后，从电影、电视到图书音像制品，从英语教育到玩具游戏，迪士尼通过角色授权，衍生品业务产生的收益以万亿元计。

关于迪士尼为何有如此强大的商业变现能力，现任 CEO 罗伯特·艾格说的一句话或许可以解释。他说："迪士尼既不是电影公司也不是电视机构，而是讲故事的公司。"换句话说，迪士尼的核心竞争力其实是讲故事的能力，没有故事，也就没有迪士尼的商业帝国。

2. 大佬们为啥都拍起了电影

电影或者影视具有很强的产业链整合延伸效应。比如说拍了一部影视剧，一旦形成较好的 IP，那么接着就会有主题公园（迪士尼、环球电影）、游戏公司（很多影视公司都有游戏部门或者游戏投资）、出版（影视与出版天然联系）、金融（融资、众筹、资金流通等）、社交（一个以电影为中心，明星、媒体连接起来的社会网络，这里会形成新的商业机会）、电商引流（克服传统流量费用过高的第三条路）、数据（阿里巴巴非常重要的一个作用）等。

看待电影的商业价值，不能光盯着票房。好莱坞的很多电影，其他的收益远远高于票房。

3. IP 对于手机游戏的重要性

当玩家面对上百款新游戏无从选择的时候，就好像人们在超市中面对上百个品牌的洗发水一样：价格都差不多，外观各有千秋，描述争奇斗宠，看上去哪个都不错，但真正好不好还要用过才知道。这时候，是什么左右了用户的选择？是熟悉感和信任感。这种熟悉感和信任感来自于哪里？对于洗发水，多数来自于广告。

手机游戏产品总量太庞大，生命周期又短，不可能像快销品那样大量投入广告狂轰滥炸。让用户建立熟悉感和信任感的游戏就是从熟悉的 IP 中去找，当红电视节目、当红小说、刚刚上院线的电影，多年前的经典电脑游戏等。这些熟悉感一下子拉近了用户和产品的距离，在用户的选择上踢出了临门一脚，这就是 IP 对于游戏的重要性。如果一个 IP 节省了上千万的营销成本，那么它就值得花几百万去拿。

4. 体育产业的 IP 价值

奥运会本质上是娱乐产业，但相对影视而言其 IP 商业价值更大。体育赛事和运动员就是大 IP，有观赏性，像足球、NBA 这样的体育竞技 IP 更具可持续性，且充满悬念（这种悬念与影视的表演式悬念相比更具期待性）。

5. 马拉松不是好 IP

一场马拉松，参与者多达两万以上，但是观看人数也就五万、十万，而英超球队曼联球迷超过几亿的规模。一般而言，观看人数远远大于参与人数的体育 IP 才是好 IP。

6. 人的工具性价值

随着网红经济的兴起，我们会越来越发现，人作为一种商业工具的重要性，其变现能力、用户黏性、转化效率等都强于一般的机器型工具。以往明星的价值没有完全挖掘出来，现在越来越多的明星进入商业领域，也是明星工具性价值的一种体现。

7. 人的工具性价值反思

人的商业工具性价值会增强，一些品牌通过和名人／网红联合变得很强大。维珍航空需要理查德·布兰森；耐克的整个战略打造都是基于它精心挑选的运动员；香奈儿要做广告很快就会想到设计界名人卡尔·拉格裴。

然而品牌却不能将名人背书的影响力作为自己的独特品牌 DNA。甚至在一定程度上，名人的出现意味着品牌本身缺少了一些很重要的东西。这种品牌和名人结盟有时只限于一场活动。

CK 品牌创始者卡尔文·克雷恩有一个观点："现在，雇用模特的价格取决模特的粉丝数。之所以选用这个模特不是因为他们能够充分展示设计的精华，而是要看他们线上的粉丝数。我认为和名人结盟，长久看起不到很好的作用，我不认为这能够帮助产品销量大增。"

对于多数的品牌而言，"网红 + 品牌"只是过客。相对流水的网红，品牌必须要有一个不变的底蕴。

8."明星 + 品牌"的价值

李湘加盟 360，何炅加盟阿里巴巴，邓超加盟长虹，品牌与明星的深度结合越来越成为一个跨界合作的模式。最早黄晓明、李冰冰、任泉成立的 Star VC，不单投钱，而且深度参与品牌运营。黄晓明又拉老婆 Angelababy 宣布成立创投基金 AB Capital，并入股跨境电商洋码头和轻断食果蔬汁品牌 Hey Juice。

明星投资除了一般投资人的益处外，还给品牌带来了大量曝光率和潜在用户群。对于明星与企业而言，都不失为一种激活各自资源优势的好方式。

9. 塑造个人影响力的公式

美国畅销书《影响力方程》(the Impact Equation) 提到过一个如何构建个人影响力的公式：Impact = C *

（R+Ex+A+T+Ec），其中 C 为区别度，R 为触及率，Ex 是曝光频次，A 是表达方式，T 是信任度，Ec 是共鸣水平。

其实这个公式对于企业塑造品牌影响力也是类似的。公式中有两个地方值得特别注意：一是区别度，这个是乘数项，非常重要。也就是说，品牌没有区别度，没有差异性，其他要素再努力，影响力也会趋近于零。二是表达方式与共鸣水平。

很多做产品的企业，搞了一场不错的活动，结果新闻稿出来，完全是写给领导看的，丧失了良好的传播机会。不注意合适的表达方式，信息无法与品牌的消费者产生共鸣。

10. Papi 酱的发展方向

Papi 及其团队打造的 papitube 在 2016 年 5 月 25 日第一次在公众面前亮相，第一批入选的有三条视频，分别是《给 papi 酱的应聘视频》(by 可滋可社)；《奇怪的美帝》(by LORI 阿姨)；《亲，毕业论文写完了吗》(by 昊昊君)，均非 Papi 酱个人作品。头条 10 分钟突破 10 万＋，而第二条也在一小时内突破 10 万＋，数据看上去相当不错。

从 papitube 的名字（Papi+youtube）来看，Papi 酱未来的重点方向是组建一个网红平台，而非内容完全自己产出。

11. 中国好声音的歌手

"好声音"尽管很火，广告价格一再上升，但是红的歌手却没有几个。"好声音"似乎走入了一个极端，即为了节目效果，选手开始被弱化，主角逐渐从选手变成了导师。人们记住了导师们在抢人环节营造出来的气氛以及其中涌现出来的金句，但却记不住选手。

对于这些歌手而言，应该在走下舞台之后，利用一些互联网直播与音乐平台渠道持续地更新自身的音乐作品以维护好自身的粉丝，通过打造个人 IP 构建粉丝养成模式，最后实现商业化变现。这些歌手自带 IP 属性，在媒体音乐平台、直播平台相比其他无个性特质的网红而言，竞争力会迅速凸显。

12. 毕加索的天才营销

读到毕加索的两个小故事，挺有意思：

（1）毕加索每次购买东西，都倾向于使用支票，结果每次卖家都不着急拿着支票去银行兑现，而是当作艺术品供奉。这样毕加索账户里一分钱没有少，但是东西却买了一件又一件。

（2）法国波尔多的木桐酒庄请毕加索设计酒标，但是却不支付费用给他，而是给他葡萄酒，酒要多少好说，自己喝或者拿去卖掉都可以。结果，毕加索喝得越多，卖得越多，该酒庄的酒就越值钱。毕加索生前财富已经高达 390 多亿人民币，美术界只此一人。

毕加索是个营销天才，讲故事的高手，每次新作出炉，不是想着卖掉，而是邀请许多画商观看，跟他们讲创作背后的故事和意图，再由他们去传播，堪称营销高手。

13. 知识网红时代

知识网红汇集的"在行"&"分答"完成 A+ 轮融资，加上之前获得的来自元璟资本、红杉资本中国基金的 A 轮投资，以及更早前来自周亚辉和阿尔法公社的 PreA 轮投资，截至 2016 年年底累计融资额超过 2 亿元人民币。

未来，知识网红将大量出现，他们凭借个人知识进行商业变现；更精细、更按需提供、更动态化的知识形式将在类似"分答"这样的平台上不断演化呈现。本质上，个人知识变现的商业模式是知识分散需求对分散供给，意味着知识网红时代的来临。

14. 知识共享经济

2017 年 1 月 12 日，国内最大的知识平台知乎宣布已完成 D 轮 1 亿美元（约合 6.9 亿元人民币）融资，投资方为今日资本，包括腾讯、搜狗、启明、创新工场、赛富等在内的原有董事股东也全部跟投。

知乎的模式，充分证明了知识经济正在被资本热捧。现在知乎每年都会根据用户的问答出品很多电子书籍，每本几元几元地卖，已经形成了一个较为良性的发展模式。以前让用户为知识付费，根本是难以想象的事情，而现在只要用户对你的知识产品满意，就会自觉习惯地掏钱购买。

15. 网红变现

2016 年 12 月 8 日 A 股上市公司美盛文化发布公告称，其控股股东美盛控股以 2.17 亿元收购同道文化 72.5% 的股份。同道大叔的原作者蔡跃栋通过这笔交易套现 1.78 亿元。

在 YouTube 教化妆的越南女孩 Michelle Phan 做美妆礼盒订购平台 Ipsy，2016 年 9 月 B 轮就融到一亿美元。

现在只是网红乱象，真正个人 IP 兴起还需要一段时间。未来的网红变现金额将会越来越大。这也意味着站在中心的人，作为商业工具的价值将越来越大。

16. 直播的早期

风口也好，泡沫也罢，直播视频爆发的确吸引了大量资本的青睐，一年之内冒出了 200 多个直播平台。一些毫无特色能力、毫无定位的三四线网红想迅速上位，在相对暧昧的环境中，依靠裸露即内容的粗暴方式，积累自己的人气，快速变现。这种情况的出现，也是网红受到质疑或者有不好名声的重要原因。

17. 直播的前途

直播这种陪伴类的服务，需要大量消耗互联网用户时间。从数据来看，最多的用户来自东三省（经济下滑厉害，GDP几乎负增长），而上海排在最后一位。

这说明，时间越紧张的区域直播会越没有市场，而那些没有消费能力，人们生活比较困难的地方使用者比较多。这也说明，它不是为消费升级服务的。

18. 直播与短视频

有人在谈到短视频与直播的未来时说，短视频只会是个过渡，因为视频太短，表达的东西不够，太长大家又会跳着看。而直播会形成未来的主流，因为它能克服短视频的很多缺点。

本人觉得这并没有讲到点子上。我在一个场合曾经讲过，短视频和直播最大的不同在于对人的展示深度不同。短视频形成的是吃瓜群众的黏性，而直播形成了深度黏性。因此直播更能形成转化，而短视频更能形成传播。

19. 网红终究还是要靠实力

美国有个宅男，偶然拍了一段彩虹的录像，被一个电视节目推荐了，结果这段视频只用了两周，就在视频网站上被点击了 500 万次。这个宅男一夜成名，但很快就被人遗忘了。第二个例子是说，有一个女化妆师，制作了一段教人怎么化妆成 Lady Gaga 的视频，同样也是在视频网站上走红，结果她不仅有 500 万铁杆粉丝，还是兰蔻的官方视频化妆师。

为什么两个人的结局会有天壤之别呢？区别就在于，那位女化妆师是有真才实学的。在上传化妆成 Lady Gala 那个视频之前，她已经上传了很多视频了，而且水平都不错，只不过没被人注意而已。所以机会来的时候，女化妆师的真本事起了作用，能继续走红，而加州的宅男就不行。现代世界毕竟还是讲理的，想加速成功，你必须得有真本事。

20. 每个人可能是品牌 IP

社交网络的发展让每个个体的"声量"达到了在以往任何一个时代都不可能达到的程度，消费者不仅可以通过互联网时代的媒体手段评论和交流自己的品牌感受来影响其他人，而且可以让自己的社交账户成为有规模的媒体，让自己成为品牌，去影响尽可能多的人，力量的天平第一次完全偏向了消费者一端。

如何通过互联网时代的手段去获取消费者对品牌的评论、感受，以及目标消费者的需求和洞察，是品牌主读懂消费者的关键所在。

第六章　数据商业与
人工智能

Xin Shangye siwei

　　马云说数据是这个时代的核心资源，他也把阿里巴巴定义为一家数据公司。细数阿里巴巴的商业帝国构成，其实本质上都是在收集、分析和利用数据。没有数据，人工智能也无法实现所谓智能，人工智能就像一只以数据为食物的怪物。

　　未来的商业由于技术的推动，可以实现各个要素之间的快速连接，而连接的基础就是数据。不懂数据的意义，的确很难看清未来的商业。

一、数据中的金矿

互联网能轻松收集到大量信息与数据，对这些信息和数据进行碰撞、提炼，总结出一些前所未有的商业机会与规则。比如最经典的案例，超市里纸尿裤竟然和啤酒销量惊人一致，是因为孩子父亲买了纸尿裤都会再买瓶啤酒这种预料之外而又情理之中的关联规则。企业将数据进行分析整理，可以从大量的、模糊的数据中，提取隐含其中的有用信息，不断被应用到商业行为中来。

1. 从数据中得到的生意

Master Card Advisors 部门收集和分析了来自 210 个国家的 15 亿信用卡用户的 650 亿条交易记录，然后把这些分析结果卖给其他公司。他们发现，如果一个人在下午四点左右给汽车加油，他很可能在接下来的一个小时内要去购物或者去餐馆吃饭，而这一个小时的消费额在 35 ～ 50 美元之间。商家如果有这样的信息，他们就能在这个时间段的加油小票背面，附上加油站附近商店的优惠券。

我们可以想象，未来的信用卡公司不会再对交易收取佣金，而是免费提供支付服务。作为回报，他们会获得更多的数据，而对这些数据进行复杂的分析之后，可以卖掉分析结果获得利润。

2. 天气数据与销售业绩

芝加哥大学商学院教授研究了 4000 万次的汽车交易记录，分析了每一次汽车交易的时间、地点与区域气候条件的关系，发现那些在销售曲线图上超过或者低于平均值的特殊日子，正是天气比平常更暖和或者更寒冷的日子。

这个研究对于公司而言的意思是，好天气更容易获得好业绩。人们总是把片刻的感受当作永久，心理学称之为预测偏差，即不能正确预期未来的损失强度。所以天气好的时候，理性的人们最好不要头脑发热，冷静下来想一想再做决定。

3. 斯德哥尔摩的交通治理经验

瑞典首都斯德哥尔摩为了治理交通拥堵，请 IBM 的工程师搜集了全市的数据，然后通过分析建立了一个系统模型。最后 IBM 的工程师找到了解决方法，就是在高峰拥堵的时候收堵车费。斯德哥尔摩把这个方案进行了试用推广，市里的交通拥堵指数下降了将近四分之一，减少了数十万的出行车辆。

4. 游戏公司的数据后台

很多游戏公司，有些运营人员的工作其实是监控数据。

他们从数据上检测出一些付费玩家购买道具的习惯，然后在后台操作一些机器人账号去勾搭用户，最终目的就是推动用户多掏钱买道具。在这个推动过程中，购买游戏道具就是运营人员希望用户完成的动作。

5. 汽车保险公司可能会消失

摩根士丹利和波士顿咨询集团的数据显示，汽车保险业的市场价值约2000亿美元。

但数据技术和智能技术会以多种方式对汽车保险市场造成威胁：首先，共享汽车、无人驾驶汽车的出现，上路的汽车更少，汽车事故也会更少，自然对保险的需求就减少了。到2040年，汽车保险市场规模可能缩水超过80%。其次，所需要的保险将会由汽车制造商等企业购买，而不是由消费者购买。随着汽车制造商和科技企业改进数据的收集和应用。在销售保险上，他们可能处于比保险行业本身更有利的地位。

6. 三种汽车生态数据

英特尔CEO布莱恩·科兹安尼克（Brian Krzanich）在洛杉矶车展上说："数据就是新的石油。"

他把汽车生态系统需要的数据分成三种：第一是技术数据，来自汽车自身的传感器，谁拥有这些数据，谁就能开发出最好的人工智能工具，包括机器学习、深度算法和数据分析；第二是社交数据，来自周围的交通状况和路线规划，谁拥有最多这样的数据，谁就能开发出最佳（驾驶）应用；第三是个人数据，来自乘客和司机的个人喜好，谁拥有最多数据，谁就能开发并交付最好的用户体验。

另外科兹安尼克认为，未来汽车生态系统需要解决数据方面的三大挑战：数据集的规模、数据处理能力和安全性。

7. 利用数据的精准营销

万达院线某年选择上映一部投资规模不大的影片，上映后第一周票房差强人意。面对这样的情况，发行投资机构传统做法有两种：一种是制作方愿意加大宣传投入，进行第二轮广告轰炸，院线将会配合制作方；另一种是放弃原来的场次计划，以减少院线的损失，同时增加热卖大片的场次以平衡成本。

但万达却采取了精准营销的方式：找出一年前内容题材相近的影片，对当时曾看过这些影片的所有消费者进行精准推广，结果在第二周该电影的销售业绩高达 5 万张票。如果100 位消费者中有 20 位看文艺片，20 位看科幻片，20 位看3D 片，那么在没有精准营销的情况下，每场电影营销成本都是针对 100 人，实际的营销回报率最高只有 20%。但精准营销，可以让其成本降低很多。

8. 精准营销还做不到精准

尽管现在很多数据公司、营销公司都在强调精准营销，但是目前以协同过滤为算法的精准营销，实际上还无法匹配到真实的个体，而是一些以 ID 为中心的统计学平均值。

所谓的广告投放，还谈不上"精准投放"，甚至会转而变成用户避之不及的垃圾信息。还需要一些时间完善技术。

9. 宝洁的精准营销出了什么问题

曾经一度推崇精准营销的宝洁公司，在 2016 年 8 月宣布在 Facebook 的营销效果不大，并由此宣布开始回归传统的媒体。Facebook 的股票受此影响，应声大跌。

其实宝洁的这个结论值得商讨，问题大部分可能还是出在宝洁策略上。宝洁的用户大多数为家庭妇女，本身就不是精准的对象。

10. 支付宝的社交意图

社交一直是阿里巴巴的痛点，熟人社交被微信占领了，陌生人社交被陌陌抢占了，阿里巴巴能做的可能只有半熟人群的社交。支付宝更新的版本中最重要的变化是朋友圈放到了首页，并且推送了"可能认识的人"（即二度人脉）。

社交功能为支付宝带来的好处有：更高的使用频率、用户的社交关系链、用户的社交账号和数据。更高的使用频率可以衍生出更多的线下支付场景；用户的社交关系链带来社交关系下的支付场景，如转账、借条等功能；以社交账号"替换"支付账号，可以减少用户在转账、付款等环节的操作步骤，提高转账等流程的用户体验；社交数据对阿里巴巴的芝麻信用等应用来说，是不可多得的数据宝库。

如果今后支付宝以行业、兴趣为切入点，把动漫、读书、金融、母婴、理财、健身、硬件、宠物、电竞、育儿的陌生人打造成陌生人社交圈，依托支付宝本身拥有用户的身份、位置、财务、消费习惯等数据，形成各种社交消费场景，就完全有机会实现利益链与关系链的衔接融合，达到更高效的社交变现。阿里巴巴如果一直没有社交场景，马云的心里就一直不会安心，所以他们还会不断去尝试。

11. 肥胖也可以传染

2016 年 10 月在香港举办的一个关于大数据的学术会议中，有一个研究是通过大数据发现了这样一个有趣的现象：就肥胖症而言，如果某人的一度朋友中有人是肥胖症患者，那么他得肥胖症的概率为 43%，而如果二度朋友中有人是肥胖的话，则此人得肥胖症的概率为 25%，在三度这个概率则降为了 10%。

简言之，某人朋友的朋友的朋友是否肥胖影响着他长胖的概率。类似在社交网络中有传染力的社会行为还有抽烟、酗酒，心理情绪如快乐、孤独等也遵循一样的原则。

12. 智慧物流市场巨大

IBM 曾对全球 500 多位经济学家进行的调查显示，全球每年因传统供应链的低效而损失近 15 万亿美元，相当于全球 GDP 的 28%。其中许多浪费来自库存积压、失败的产品发布、浪费的材料和低效的营销活动。

可见智慧物流、供应链在未来仍然是一件多么大的生意。

13. 社会化物流的未来

数字化物流会让物流资源在全社会重新配置，不管是快递人员、快递工具、快递设施，还是商品，都要进行重新组合，任何一个社会资源都可能成为物流的一个环节。

所以未来智慧物流一定是一个自由、开放、分享、透明、有信用的一套新的物流体系，社会化物流会成为全社会经济的重要组成部分。

14. 为何有的公司数据多却无用

很多公司累计了大量的数据，然而并没有什么用。

其原因在于：一是没有及时更新的接口，数据时效性差；二是没有与消费者互动连接，客户感受不到；三是没有任何

"即刻"行动的措施。尤其是最后一点其实很关键，就像微信朋友圈的广告，尽管曝光量很大，但是在"即刻行动"方面做得很差。

15. 仅凭数据不能得到伟大的思想

数据本身是一种过滤工具，而不是构思工具。数字给我们提供了一定程度上的准确性，有了精准的数字，我们就能做出判断，分辨输入和输出。

仅靠数字提供的度量是不够的，而且一切定量分析都不可能催生出伟大的商业思想。数据确实会随着一个企业的发展变得越来越重要，但仍然只能作为评估企业的一个要素。我们能测量大象的高度，它的象牙长度，它的重量，它跑起来的速度，甚至是它的基因组排序。但就像盲人摸象的故事那样，任何人都无法从数据的角度，去完整地描述大象。

16. 奥运会与技术

奥运会上越来越多的国家团队把实时数据分析作为提升运动员成绩的一种手段。数据采集和分析几乎对每一项运动都产生影响，这也意味着奥运会纪录对人的挑战变为"人＋科技"的挑战。但是体育竞技建立的本意是在一个公平的竞争环境的基础上，不同的人可以竞争，冲击人类的极限。

如果通过高价购买高级技术，那么运动就失去意义了。因此体育主管部门需要决定，到底使用多少高科技才算过量使用。

17. 关于区块链

区块链可谓价值传递的产物，2016 年的区块链世界和1995 年的互联网是同一番景象。作为比特币的底层技术，区块链具有去中心化、不可撤销、可溯源的特征，是未来价值互联网的开端，区块链可以大大改善金融系统的效率。

在这个分布式共享账本上，有多个节点，由去中心化的多方共同维护，有一个"统一共识"机制保障。互相不了解的任何人之间，可以借助这个公开透明的数据库背书的信任关系，完成端到端的记账、数据传输、认证，以及合同执行。

二、人工智能的战场

人工智能是对人的意识、思维的信息过程的模拟。该领域的技术包括机器人、语言识别、图像识别、自然语言处理和专家系统等。人工智能从诞生以来，理论和技术日益成熟，应用领域也不断扩大，可以设想未来人工智能带来的科技产品，将会是人类智慧的"容器"。

1. 丁磊的智能养猪

网易的创始人丁磊认为，很多人吃饭都跟猪肉有关系。饺子、馄饨、馅饼、面条、炒肉、香肠、腊肉都跟猪肉有关，数亿头猪是一个很大的买卖。但我们很难找到好吃的猪肉，而且这些猪肉未必安全。

网易猪场，丁磊号称只用了6个管理人员，管着2万头猪，猪身上都带有传感器，实现养猪智能化。作为互联网巨头，丁磊的团队把"云计算""物联网"技术融入养猪事业之中。养殖场都由智能摄像头全程监控，猪的身体状况、进食量、排泄物等通过传感器远程监控，运用智能手环和可穿戴设备收集每头猪的体征数据，猪粮的喂养则是通过自动液态饲喂系统。

这并不是一个笑话，互联网对传统行业的改造还有很大的空间。

2. 迪士尼的智能化

迪士尼在上海开园的火爆再次让我们看到旅游文化产业的前景。未来的旅游将呈现更多的智能化和大数据化。

大数据对于旅游行业的三点作用：一是提供个性化的顾客体验；二是洞察客户的消费行为模式，确定服务内容；三是进行差异化竞争，获得消费数据。

3. 大数据智能产品推荐的改进

大部分电商网站的智能推荐有个问题：用户买了一部手机后，网站推荐的还是手机。这样的推荐其实没有效果，用户刚买了一部手机不会再点另一部手机。即使你告诉用户另一部手机比他刚才买的便宜，他也不会点。这时要给用户推荐和买的手机相关联的配件手机壳、充电器、耳机等才有效果，才能增加用户点击量。类似这样的细节都是网站应该完善的。

4. 智能穿戴设备的一种应用

奶牛的发情期很短，每 21 天只有 12 ～ 18 个小时，而且发情的时候基本都是晚上，所以特别不好确定给奶牛人工授精的时间。

日本富士通公司找到了一个科技上的解决办法。他们给奶牛装了一个计步器，计步器的数据会传到一个软件上。富士通研究发现，根据奶牛每小时的步数增加，可以预测奶牛的发情期，而且准确率达到了 95%。当软件监测到奶牛发情的时候，就会往奶农的手机上发一条短信。有了这个软件之后，奶农找到发情的奶牛就更容易了。此外装在奶牛身上的传感器还发现，在奶牛 16 个小时的发情期内，如果在前 4 个小时给它们人工授精，它们生出母牛的概率是 70%；如果在第二个 4 小时内执行，很有可能会生出一头公牛。所以奶农还能根据需要，来决定母牛和公牛的比例。

5. 越来越"硬"的谷歌

谷歌 2016 年秋季产品发布会花费了大半时间讲它的人工智能"谷歌助理"，然后谷歌发布了一大一小两款 Pixel 手机、基于 DayDream 平台的 VR 眼镜、Google WiFi 路由器、Chromecast 谷歌电视棒、家庭中控 Google Home。谷歌构建起了以"谷歌助理"人工智能为核心，以手机、VR、智能家居这些硬件为落地的开放式生态。

6. 智能电梯的想法

未来智能电梯也许不仅仅是一种运输工具，而是一个与乘客互动的智能通信工具。智能电梯可以尝试从两个层面做出升级：一是在电梯维修保养方面，可以通过互联网技术和数据技术，提前让公司掌握情况，在技术人员赶到现场前就了解电梯的情况，及时解决问题；二是在乘客乘坐电梯过程中享受智能服务，例如根据楼层人数多寡确定停靠楼层，在酒店根据房卡直接到达相关楼层以及一些互动的项目等。

7. 物联网的商业机会

简单来说，物联网就是用传感器、红外线这些技术，把每个物品都和互联网连起来。根据权威机构预测，到 2020 年我们每个人手上都会有三四台设备，全世界将会有 800 亿台互联设备。在未来，不管是墙上挂的温度计，还是我们用的电表，都能实现互联。

物联网时代最重要的一个商机就是互联网硬件设备，如果你的产品和服务能更快、更便捷，成本更低，不管是接入平台，还是接入服务，机会都很大。

8. 物联网的类寒武纪生物大爆发

寒武纪生物大爆发时期，有成千上万种新生物出现。比如著名的三叶虫，它是地球上第一种拥有眼睛的生物，它能够感知环境和处理环境信息。软银的孙正义认为，在寒武纪，生物发生爆发性进化的原因之一，就是生物获得了"眼睛"这一传感器。有了眼睛之后，生物开始追逐捕食其他生物。眼睛作为传感器，能够收集大量的数据，而随着数据量的增加，大脑的学习周期就会加快，进一步推动了之后的生物进化。

而现在，物联网发生了同样的事情。据预测，到 2035 年将有超过 1 万亿个物联网器件能在云端保存传感器数据。而且，云端上的人工智能还会学习传感器数据变得更加聪明。也就是说，物联网与人工智能的关系，就相当于眼睛和大脑的关系。如果真的存在生物的寒武纪爆发，那么物联网的类寒武纪爆发也将来临。

9. 语音搜索与聊天机器人

根据李彦宏的说法，语音搜索技术已经基本成熟了，但用户习惯还没有形成。借助成熟的语音技术，未来我们每个人可能都有自己的聊天机器人。它们是我们的助理，会根据每个人的习惯进行演进。

将来要推给消费者的沟通信息，可能第一关看到的不会是消费者，而是机器人。如果机器人把某个信息当垃圾邮件信息处理掉了，消费者就看不到了。未来内容要怎样通过机器人这一关传递给消费者看呢？这是一个问题。未来可能会产生很多品牌的聊天机器人，品牌应该采用一种能影响聊天机器人的方式，这样个人聊天机器人才愿意把品牌信息放到对话中。

10. 英特尔的发力

当人们的时间越来越转向移动端的时候，曾经的 PC 芯片统治者英特尔一度陷入尴尬，没有做好提前的布局，市场份额远远不及高通。虽有手机上的合作尝试，但始终不是很给力。

英特尔在旧金山举行的 IDF 大会上推出了虚拟现实项目 Alloy。准确来说这是融合现实（Merged Reality），而不是虚拟现实，也就是将现实中的物理环境和行为扫描进一个虚拟的场景之中，从而让用户能以一种十分自然的方式进入虚拟空间。这将改变过去 VR 完全由虚构场景来实现的情况，让玩家体验到更为真实的互动和沉浸感。这或许是英特尔的一个方向。

11. 未来的八大核心科技

普华永道 2016 年公布的全球 CEO 年度调研认为，未来需要关注的八大核心科技为：①人工智能（AI）；②增强现实技术（AR）；③区块链；④无人机；⑤物联网；⑥机器人；⑦虚拟现实技术（VR）；⑧ 3D 打印。

12. 互联网电视的未来发展趋势

电视越来越智能化，而不是以前只是一个接收和展示信息的盒子。未来的互联网电视可能有如下几个方面值得关注：

一是会有越来越多的人使用互联网电视，无论是保有量、激活家庭数及日活家庭数均会呈持续增长态势；二是内容更多元化，将由视频为基础延展至游戏、教育、健康和旅游等领域；三是大小屏交互连接会大大加强；四是智能电视向智慧屏发展，构建智能家居物联网；五是 VR/AR 技术会在互联网电视上得到运用。

13. 替代智能手机的是什么

智能手机是过去十年来的科技玩具，消费者在期待一个新的玩具。虽然我们还不知道是什么，但是这个玩具一定要和手机结合，必须要有一个全新称呼，而且是第一人称。

什么是第一人称？我们用的所有媒体，包括传统的电视、报纸、杂志、手机都是第三人称，即使我们看得非常投入，还是在以第三人称的角度看内容。但是未来有了 VR，它能提供给用户第一人称的体验，会出现新的换位。

14. Uber 无人驾驶上路

2016 年 8 月 25 日 Uber 全球第一台向乘客开放的无人驾驶车在新加坡纬壹园区（One-North）一带正式上路。预计新加坡在 2018 年可以全部实现无人驾驶。这意味着，无人驾驶真的不是一个图景了，而是实实在在摆在我们面前。另外，百度的无人驾驶汽车基本上也可以上路了。

根据不完全的统计，目前在全球范围内进行无人驾驶研发的公司就超过 30 家。而且这些公司都是大公司，都不是在"玩过家家"，都投入了巨额的研发资金。现在最大的问题可能就是牌照和法律的制定了。

15. 无人驾驶汽车对营销的影响

谷歌研发的无人驾驶汽车已经行驶了 150 万英里（1 英

里 ≈ 1.61 千米），驾驶区域不只局限在实验室。特斯拉也有无人驾驶功能，已经行驶了超过一亿英里。这意味着将来无人驾驶汽车普及率增长很快。

无人驾驶对营销有何影响？未来不管是什么交通工具，在无人驾驶模式下用户在车里就无事可做了，那么这时候娱乐就很重要。以往通勤时间腾出来，变成品牌和消费者沟通的新时段，以往在车里只能用广播和驾驶者沟通，未来和驾驶者沟通的渠道变得多样化。

16. 家用车未来也许会被淘汰

Lyft 总裁 John Zimmer 在 2016 年年底说，未来 5 年内公司在美国的大部分业务都会由无人驾驶汽车来完成，同时人们将不会再鼓励买车。当互联网的自动驾驶汽车进入市场后，拥有私家车就成为一种相对高成本的生活方式，那时候大多数城市居民将放弃私家车。

我们可以想象未来的这样一个场景：你只要注册一个无人驾驶的汽车账号，如果你在街上遇到一辆无人驾驶汽车，用手机让它停下来，然后你登录账号，指定要去的地点就行了，费用自动扣除。这辆车就一直在街上跑着，一点都不嫌累，一切问题由程序解决，不要人工干预。

17. 飞行汽车也许不远了

2017 年 1 月，空客公司 CEO 托马斯·恩德斯表示，空客公司计划在 2017 年年底之前测试自动驾驶"飞行汽车"的原型车，该款飞行汽车可以免受城市交通拥堵之"苦"。

2016 年，空客公司成立了"城市空中交通"部门，该部门专门开发诸如运送个人的空中汽车、类似直升机的车辆等空中交通工具。

18. 互联网智能汽车的四大难关

智能汽车很多资本和企业都在抢占，乐视曾一度陷入其中。要做互联网智能汽车，必须面对四个难关：一是资金投入量之大不可想象，如果没有上千亿资金的准备就很难碰这个领域。二是设计之复杂不可想象。汽车不算螺栓和螺母有 7000 多个零配件，加上螺栓和螺母小配件大概有 3 万个零配件。在丰田，任何一个非主要零配件的设计标准就是一本 1000 页的书。三是技术难关之高不可想象。特斯拉电动车五年才出厂，最危急的时候还靠着丰田和奔驰帮忙。四是供应链管理之复杂不可想象，各种零配件必须从世界各地准时到达，只要一个螺母进不来，汽车就装不了。

三、正确认识人工智能

人工智能的崛起是跟工业革命同等重要的全球性事件。人工智能或许真的能扭转工业革命以来人类对自然环境产生的破坏，也能解决世界上的疾病和贫穷问题。自从 Google 的阿尔法狗不断挑战人类围棋高手，人们对人工智能的关注达到了一个前所未有的高度。李开复表示，未来十年出现最多的独角兽公司肯定是人工智能公司。十年后，世界上 90% 的工作，都会被人工智能所取代，尤其是翻译、记者、助理、保安、司机、销售、客服、交易员、会计、保姆等工作。尽管人工智能的未来前景被描述得十分宏大，但是很多人对人工智能的理解是存在很多问题的。

1. 智能时代的企业连接性

在智能商业时代，企业越来越不像是固守在某一行业中的固定玩家，而是一个连接器——连接许多不同行业的资源与数据。

这种连接不再是过去简单流量的转换，而是基于数据智能基础上产品与服务的组合，从而更加精准地满足用户的需求。

2. "人类 2.0" 时代

李彦宏在 2016 年谈到自动驾驶技术可能遇到的危险时说，只要每个人在手上戴一个芯片，汽车就能很容易识别出来，确保万无一失。这种将"人类肉体 + 芯片"结合的时代，我称之为"人类 2.0 时代"。

其实早在 1998 年，英国雷丁大学的客座教授凯文·沃维克利用外科手术，把一个硅片脉冲转发器植入了自己的左臂。2002 年沃维克又将一个 3 毫米宽的方形芯片植入到左腕内，连接上了 100 个电极，使自己的神经系统通过芯片线路与计算机相连。只要他在办公大楼里进进出出，所有由电脑控制的房间都能认出他来，自动开灯、开门，电脑还会发出"早安，凯文教授"的问候，并且在接到新邮件时通知他。

这种情形也许会越来越多地出现在我们真实的生活场景中，不管出于什么目的，以后的人会越来越多地与机器结合，以完成一个更便捷的功能。

3. 后人工智能的人类阶层

一直以来，人类的成长是金字塔形的，从底端不断成长，在成长的过程中被筛选，精英领导就是这么被磨炼挑选出来的。但人工智能取代的恰恰就是最底端的初级人才。取代之后，人类如何磨炼成长筛选？那些底层的人群将何去何从？他们不能往上升，而他们的工作又被机器取代。

物理学家史蒂芬·霍金在英国剑桥大学未来智慧中心发表开幕演讲时说："人工智能如果不是人类历史上最好的发明，就是最恐怖的悲剧。"如果不学习如何规避风险，它也会成为人类文明史上最后一个事件。

4. 人工智能与智能增强

IBM 的 CEO 罗睿兰说,现在我们说的人工智能事实上是"智能增强"的概念。1955 年人们最早提出人工智能的概念,认为人的认知是来源于一个或者多个基础性算法。如果我们能用人类认知的算法来给计算机编程,就可以创造出模拟人脑的计算机系统了。当时另一波研究者采用的是另一种方法,这个方法就是智能增强,是指从底层开始,通过逐渐增长的数据量来寻找模式的一种方法。我们现在的很多现实应用,比如语言处理、机器学习和人机交互等,也就是我们所认为的人工智能,其实都是智能增强这种模式带来的。

所以人工智能的说法虽然胜出了,但这其实是一种用词不当。

5. 以机器开发机器

一般人的印象中,AI(人工智能)的开发是"人开发机器",而不是机器开发机器。但是如果能做到让 AI 本身也去开发 AI,那么效率就会大大提高。

Facebook 开发了 Flow 这一项目,本质上就是利用 AI 去开发 AI。结果表明,以前 Facebook 团队 60 天才能开发一个 AI 模型,而现在利用 Flow 一个星期就能开发出好几个 AI 模型。如果实现人工智能的自生长，世界将会怎么样呢？

6. 人工智能的误解

大多数人总觉得人工智能是在模拟智慧生物。它的智能程度会一步一步发展，从动物具备的智能发展到孩子具备的智能，再发展到成人的智能。

但是人工智能的好处，不是说他们比人聪明，而是他们的思维方式和人类不一样。人的思维方式只是具体的某一种思维方式，而世界上还有许多种思维方式。凯文·凯利在此前的书《科技想要什么》中，就把科技描述成生命的第七种存在方式，就像人类已经定义的六种生命形态植物、动物、原生生物、真菌、原细菌、真细菌一样，科技也是一种具备自主进化能力的生命。

7. 警惕人工智能的错误方向

AI 人工智能目前似乎走向了一个不是那么正确的方向：一味追求和人很像。如果真的很像了，又能怎么样呢？难道你会跟机器组建家庭，生儿育女？事实是，人越觉得轻而易举的事情，机器越觉得困难，比如走路、平衡感、情感。而人越觉得难的事情，机器越觉得简单，比如大型数据处理能力、记忆等。所以，人工智能的方向也许是替代那些人觉得难的部分，而非替代人觉得容易的部分。

8. 人工智能时代被夸大

曾在 IBM 研究院和沃森团队工作了 15 年的 Michelle Zhou 把人工智能分为三个阶段：第一个阶段是识别智能，更强大的计算机和更强大的算法，可以从大量文本中识别模式和主题；第二个阶段是认知智能机器超越模式识别，能够从数据中做出推论；第三个阶段是机器可以像人类一样思考和行动。

目前我们还处在第一阶段，所有的人工智能都依赖人类提供数据，无论是计算机视觉还是语音识别都是如此。智能时代还远没有来临。

9. 李开复的人工智能观

李开复认为，想要利用好人工智能必须满足这么三个条件：首先要有海量的、专属的数据；其次是计算机要有比较强的运算能力；最后是需要反馈的循环，给不同的信息自动贴标签。比如淘宝上，有人买了这个东西，机器就会标记正确，没买就标记错误；或者用优步打车时，上车和下车都会被贴上不同的标签，这就是闭环的反馈。

怎么做出一个务实有用的人工智能应用呢？李开复说，首先这个应用不能取代人，而是做出来让人更聪明的工具；其次，要让用户主动提供数据；最后是要在有限的环境里解决问题，比如无人驾驶技术不一定要做成全天候、全情景驾驶，做个仓库里的叉车也是很好的。最后，在人工智能时代，AI 做出来的产品绝大部分是 to B 的，最好的创始人是AI 科学家，搭配 to B 的销售，也就是不仅能够开发人工智能系统，也要能懂客户、销售产品。

李开复还认为，人工智能的崛起，中国是很有机会的。一是，中国人有特别优秀的理工、数学底子，这可以发出威力。二是，可快速训练大批的年轻人。三是，传统企业比美国落后，但人工智能注入进去，就会产生很大的价值。四是，世界领先的智能公司在中国很难成功，本土公司更有成功的优势。此外，中国对人工智能的约束少，政策利于人工智能发展。

10. 阿里巴巴的人工智能观

阿里巴巴首席战略官曾鸣认为，现在人工智能最能赚钱的领域是互联网金融和搜索引擎。这两个领域是有共性的，就是最重要的业务决策都由机器来做，而不是人。现在的 Google 搜索或者淘宝网购，每天都有海量的访问者，要在几秒内匹配信息，对人来说是不可能完成的任务，只能交给机器。

举个例子，中小企业贷款比较难，因为这些企业大多财务记录比较乱，银行因很难评估它们的信用状况而不放贷。但是阿里巴巴的小额贷款现在已经给 100 万个小企业放贷了，就是依靠机器做决策，申请只需要几分钟就能拿到贷款。

怎么用人工智能打造出智能商业呢？曾鸣分享了两点：第一必须把核心业务放在线上。传统获取信息的方式是在线下采样，收集数据，成本特别高，只有在网上才能实时、低成本地记录消费者的在线行为，而且能覆盖整个人群。第二要有数据智能引擎。要在现实里应用人工智能，就需要特别有创造性的产品，把云端的人工智能和消费者联系起来，让智能决策直接影响消费者的体验，然后拿到消费者的反馈。

第七章　新零售与实体融合

Xin Shangye Siwei

　　中国现代零售业经过 20 多年的发展，经历了实体零售遍地开花、实体零售集体上线、电商尝试往下走及与实体零售融入几个阶段。

　　实体零售一度遭遇"关店潮"，继续从原有的零售方式进行升级换代。对于电商而言，线上流量的红利已经慢慢开始消散，也需要突破瓶颈进行融合升级。马云的"新零售"概念并非是在电商具有压倒性优势的情况下出提出来的，而是面对线上流量红利消散后提出的一种新的解决方案。

一、实体向上与电商向下

三十年河东,四十年可能就是河西,没有人会一直是王者。从实体到电商,再从电商到"新零售",都只是时代发展的必然结果。

1. 沃尔玛的危机

沃尔玛曾经被欧美商界称为"蝗虫",因为沃尔玛开设超市大卖场的地方,周围10英里(这个距离是调查机构调查出来美国人愿意开车去购物的合理距离)之内的小商场、小超市统统都会倒闭,只有特色商店、餐厅、便利店能活下来,就和漫天蝗虫飞过的草原一样。所以,沃尔玛开店都会在当地遇到很大的阻力,甚至不乏暴力对抗沃尔玛,而欧洲很多地方更是禁止沃尔玛去开店。

但是,沃尔玛今天不再有往日的风光,颓势十分明显,网上销售对其的冲击巨大。美国购物者每花费10美元,就有1美元是网上购物,而且保持两位数的增长速度。

2. 宜家做电商

面对电商的冲击,宜家在2017财年新闻发布会上宣布要自己做电商。

宜家从来不是一家跟风的公司,直到现在他们每年向会员寄出的产品目录册《家居指南》,仍然是宜家最主要的营销方式。这本小册子陪伴宜家从 1943 年创立到现在,从最初每年 60 万份的发行量到现在每年超过 2 亿份。在新媒体营销横行的当下,这种方式似乎显得有些落伍。

不过我觉得,作为线下体验感极强的宜家,做电商最主要的目的还是触达更多的消费者,电商业务只是锦上添花而非雪中送炭,而宜家未来最主要的战场仍然在线下。

3. 肯德基天猫开店

2016 年 9 月 1 日肯德基天猫店试运营,9 月 2 日肯德基所属的百胜餐饮与蚂蚁金服、春华资本达成协议,后两者以 4.6 亿美元入股。这个情况表明,实体店面临越来越尴尬的境地。这对餐饮行业是一个标志性的事情。

4. 实体店与电商的对比

截至 2017 年 6 月 17 日,亚马逊市值达到 4693 亿美元,而美国主要上市实体零售店总市值还不到 3000 亿美元。由此可见资本市场对电商和实体零售价值的判断对比。

5. Oppo 和 Vivo 的渠道

并不是所有的线下店都过得凄惨,有的甚至过得很好,其中 Oppo 和 Vivo 就是代表。这两家公司线下渠道的成功成为手机行业津津乐道的案例，连雷军都开始怀疑自己当初引以为豪的互联网思维。Oppo 怎么做到的呢?

Oppo 在中国和亚洲其他国家有 32 万家线下店，其线下店由店长、渠道代理商和 Oppo 三方共同参股，由省级代理商管理，且只独家代理 Oppo 一个品牌。Oppo 拥有对线下渠道包括定价策略在内的完整控制权。Oppo 和渠道商之间的关系非常密切，而且高度信任。Oppo 还承诺，如果由于手机换代，原有手机卖不出去给渠道商带来损失，公司会补贴现金给渠道商。

6. 小米的线下门店计划

按照雷军的说法，小米在 2016 年年底开了 51 个小米之家，每平方米销售额是 26 万元，论效率在全球范围内仅次于苹果。2017 年小米希望开 200 家店，三年内 1000 家，雷军有信心干到每家 1000 万营业额。

不过这种看到 OV 线下做得好而完全放弃了之前的玩法的小米，真的可以吗? 很多人把小米的销售下滑归结于线下渠道的失败，连雷军自己也是这样觉得。雷军说要吸引线下 80% 的用户，要挖掘线下。有人认为小米不是线上做得太好而转投线下，恰恰可能是做得还不够好。小米只是把电商当成一个销售渠道，却没有把电商作为品牌建设的渠道，没有把电商作为用户运营的渠道。

7. 京东沃尔玛合作

沃尔玛面对亚马逊线上零售冲击的担忧，加速线上布局。京东与沃尔玛在 2016 年 5 月联合宣布，沃尔玛入股京东占 5%，这也意味着之前在 2012 年 8 月开始被沃尔玛控股的 1 号店将与京东展开线上联合，京东与沃尔玛线下门店、仓储、配送等展开全面合作。

整体形成"京东 + 沃尔玛"与"阿里巴巴 + 苏宁"的竞争模式。

8. 线上书店向下

亚马逊 2015 年 12 月在西雅图推出了亚马逊第一家实体书店 Amazon Books，基于亚马逊 20 多年的线上书店经营经验，亚马逊实体书店将重点陈列读者评分为 4 星及以上的图书。

而以挤垮实体书店成名的图书电商当当网也宣布未来三年将开设 1000 家实体书店。不过，我们要明确的一点是，此时这些电商开的实体店不再是彼时的实体店，它必须连接起线上线下，承担起体验功能。

9. 新实体店时代

著名咨询机构毕马威的调查显示，2016 年中国有 42.6% 的消费者表示，会因为之前在网上看到过这个产品，而在实体店逛街的时候入手，这个数字在 2015 年仅为 19%。同时

2016 年 31.1% 的消费者会因为在实体店看中某一商品，而在网络平台上下单，高于 2015 年的 24%。这种情况造就了一个新的全渠道购物体验，那就是线上结合线下。也就是说，品牌和零售商需要做的，是把线上和线下结合起来，不仅关注线上平台的开发，还需要给用户提供强大的实体店体验。

10. 好市多（Costco）的零售经验

面对电商冲击，好市多仍然显得十分坚挺，其原因可能有如下几点：

首先，它的食品占比非常高，达到 60%。食品属于高频刚需，能占据客流。因为总有些食物是你马上就想吃到或者必须马上买的，这种情况网购就靠不住了。其次，它的性价比高，通过"自有品牌 + 独家供应 + 大包装定制"的方式，好市多的价格优势非常明显。最后，是采用会员制。很多商品你不是会员就不能买，入会得交 99 美金的会员费，这加起来其实是一笔很大的利润。另外，好市多还在做加油站，他们的油价全城最便宜，所以吸引了很多顾客，而顾客在加油的时候顺便买点东西，也就是水到渠成的事了。

11. 雅芳退出中国

曾经第一个获得直销牌照的雅芳公司在 2015 年年底宣布退出中国。曾经对其销售代理人员信誓旦旦让他们发家致富的众多直销公司，如今面临的是这些人越来越穷的境地。为什么会这样？

原因可能主要有三点：一是互联网信息透明化越来越高，利润空间越来越小；二是很多直销是从朋友圈入手，而朋友圈总有用完的一天；三是负面口碑的传播与感染，让生意越来越难做。

12. 微商的危机

微商成本低廉、模式简单、容易复制而大量裂变。但很显然微商这个词现在已经成为过街老鼠一样被嫌弃，耗尽了朋友圈的资源和信任。微商的一个发展方向，也许还是跟实体店结合。

二、大佬们的零售观

线上线下融合、电商与实体融合是零售升级最重要的内容。中国新零售经济序幕刚刚拉开，后面有无限的想象和扩展空间。对于很多商界大佬而言，面对今天的零售局面也是几家欢乐几家愁。

1. 马云的五个"新"

马云在阿里巴巴云栖大会上提出"五个新"的概念：第

一，新零售，不再提电子商务，以后是线上线下零售和物流完美结合，目标达成零库存；第二，新制造，B2C转变为C2B，按需定制；第三，新金融，服务大企业转变为更好地服务80%的中小企业；第四，新技术，人工智能是核心；第五，新能源，数据是人类自己创造的能源。

2. 阿里巴巴的新零售

阿里巴巴研究院认为，新零售绝不止于线上线下的全渠道，新零售的核心是消费者，思考他们需要什么，生活方式是什么，价值观是什么，什么东西决定他们的好恶，什么影响他们的行为。

如何才能做到这点呢？对于阿里巴巴而言，还是有大数据这个优势，这不是一般中小企业能做到的。

3. 马云与宗庆后的对话

马云是互联网的代表，宗庆后是实体经济的代表。宗庆后评马云"五新"除新技术外，其他是胡说八道。马云也很不客气地回应宗庆后："不是实体经济不行了，而是你的不行了"。在2016年的浙商座谈会后，两人互相握手，互致新年问候，一切尽在不言中。

马云仍然强调，企业家只有改变自己才能适应未来，今天的中国已不是靠政策红利，而是靠企业家精神红利。

4. 马云对未来电子商务的看法

马云说，将来没有电子商务，我们不再谈电子商务了，只有商务。无非是线上线下这两个部分，在未来线上线下会叠加起来。虚拟现实和真正的现实也会结合起来。他觉得，80% 或者 90% 的商业在 30 年后都是扁平化的，都是电子化的。如果绝大多数都电子化了，就不用非要说电子商务了，说商务就行了。所有线下活动都会慢慢变得更加线上化。

5. 亚马逊的电商视角

曾担任亚马逊电子产品总经理的 Noah Herschman 说，亚马逊和典型中国电商网站的根本区别在于创始人看待客户的角度不同。

中国电商把卖家看作客户，他们向平台付费并百分百对平台利润负责，很多规则为他们设定。但亚马逊的创始人杰夫·贝佐斯把买家视为客户群体，不为卖家的利益改变买家规则，因为他们实际产生购买。

6. 张瑞敏的后电商时代

张瑞敏认为，后电商时代一定是场景商务。什么意思呢？

我们经常提到物联网，这个概念从在国际上提出来到今天已经有十来年了。可是到现在还没有引爆，为什么？张瑞敏说就是因为没有场景商务。电子商务是让人在电商平台上挑选适合自己的东西，场景商务则是不用你动，我就给你提供服务。

7. 2016 天猫双 11 狂欢夜的冠名费

2015 年的"双 11"，阿里巴巴与湖南卫视第一次联合举办的晚会，做了第一次尝试。而在"2016 天猫双 11 狂欢夜"总冠名花落上海家化集团，金额超一亿。这是阿里巴巴正在有意打造一个新的超级 IP，这也将成为阿里巴巴将购物与娱乐文化结合的一个产物，也是电商的成功。

8. 李嘉诚逃离实体

两个新闻，一是 2016 年 10 月长江实业地产宣布以 200 亿元人民币卖掉上海陆家嘴的"世纪汇"综合体，二是 2016 年 11 月李嘉诚作价 358 亿港元（约 314 亿元人民币）卖掉了香港中环中心，购入者为中国邮政储蓄银行。

9. 传统行业的风口

京东集团 CEO 刘强东认为移动互联网的红利已经在消失，未来五年内的"风口"将出现在传统行业而不是互联网行业，在快时尚、食品领域将涌现出更好的、高品质的中国品牌。

三、新零售怎么做

虽然零售行业瞬息万变，但在更迭变化的常态下，以顾客为核心却是零售行业亘古不变的主题。在电商向实体融合升级的过程中，新科技往往是最重要的一环，比如大数据、人工智能、虚拟现实等在零售行业中的应用。零售升级必须拥抱这些新科技来吸引消费者，提高消费者体验和零售商效率。

1. 实体店崛起的机会

尽管电商对实体店构成了巨大的冲击，很多店铺被迫扫地关门。但是实体店的重新崛起也不是没有机会，只不过绝不是重新打开那些传统的店面迎客，而是那些新型的运用新技术给顾客带来新体验感的实体店，弥补电商的天生缺陷。

新的实体店将融合数据、云、智能演示等技术，成为连接线上的一个信息入口和信任入口。

2. 亚马逊的无人机送货

亚马逊通过游说已经获得联邦航空管理局的批准，可以在户外进行测试，但是必须在控制人员的视线之内。为了进一步推动无人机送货的进程，2015 年亚马逊花掉了几乎 1000 万美元进行政府游说，以求政府可以允许无人机脱离控制人员，实现全国配送。

目前这个法案要获得批准的最大障碍来自航空公司和飞行员们的反对。零售巨头沃尔玛也计划把无人机运用于其巨大的配送中心盘点库存，比如 11 万平方米的仓库人工需要 1 个月，而无人机只需要 1 天。

3. 电商们的 VR 布局

在亚马逊发布 AR 体验执行官的职位招聘之后，又继续招聘一位 VR 方面的商务拓展来带领团队。其实不仅是亚马逊，其他众多电商平台也早已布局 VR 购物平台。阿里巴巴在 2016 年 3 月宣布成立 VR 实验室，启动 Buy + 计划。7 月 22 日的"淘宝造物节"上，VR 虚拟购物平台 Buy+ 首度对外开放，阿里巴巴的蚂蚁金服也将推出 VR Pay 虚拟购物支付技术，可以在应用内完成 3D 场景下的支付。

电商们对 VR 的布局，目的是搭建线上购物快捷与线下购物体验的桥梁。

4. 一种新的电商模式

美国时尚电商品牌 EVedane 在 2016 年被《快公司》杂志评为年度创新公司。它的核心商业模式是为用户提供极致的性价比，所有商品的终端价格是生产成本的 1.5 ～ 2.5 倍，没有线下实体店，主要销售渠道就是官网。EVedane 的每一件商品都详细提供了所有价格相关信息，比如一件白衬衫的标签上会写：10.77 美元花在棉布、线和扣子上，剪裁用了 1.22 美元，8.35 美元用在缝制上，物流运输花了 4.61 美元，最终成本是 24.95 美元，我们的零售价是 55 美元，而同类产品传统零售商的价格是 110 美元上。除此之外工厂的信息、工人的照片和所有生产过程中的事情都会放在网站上。消费者会发现 EVedane 用的生产设备和材料跟奢侈品品牌一模一样，这可以在社交媒体上引发讨论，节省大笔推广开支。

不过，我并不看好这种商业模式，原因仍然是我坚持的：走低价一定是短期模式，终点是断头路。

5. 预测式购物

亚马逊通过大数据技术，可以实现预测式购物。新实体店时代可不可以呢？

几乎所有的实体店都已经有了 POS 系统，通过针对 POS 数据的精细分析，我们已经可以相当好地进行消费者画像，正确猜测任何一位顾客的背景、偏好、品味、家中成员结构等。如果再加上针对顾客在门店里四处游走的轨迹（通过蓝牙、RFID，甚至利用摄像头进行轨迹追踪和人脸识别），我们已经能够做到在顾客一踏进店门的当下，马上通过 iPad 推送信息，让导购深刻掌握这位顾客过去的消费记录、门店浏览行为和种种有利于促进销售的情报。当然，在这个基础上，如果再加上可穿戴设备和微信公众号来捕捉消费者事前、事中、事后的行为轨迹，我们几乎可以实现亚马逊所做的一切。

6. 实体店的新思路

实体店要想再度崛起，必须要转变开店思维，拼销售量的做法要弱化。

线上消费讲求"搜索消费"，客户看重的是同质低价，不具备店铺忠诚度。而实体店消费则是场景消费和体验消费，产品是第二位的，应以宣扬生活理念为主，凸显产品之外的感性消费元素，使消费场景变成一个具有忠诚度的空间。

商业变现上除了产品销售，还有数据、活动、线上链接与入口资源等。

7. 实体店生态化

实体店中介弱化之后，转型的一个重要方向就是生态化。也就是说，服装店你不能光卖衣服，书店你也不能光卖书，而是卖与之体验一致的相关产品。

比如 2015 年年底，MUJI 淮海路店开业，这家店面共三层占地面积 3438 平方米。这家店最大的亮点就是融入了书店，其中图书主要集中在第三层，而其他楼层也安插了图书，融入了各色生活用品之间。

8. 诚品书店的复合式经营

刚刚开始在大陆开店的诚品书店，许多人相信诚品是因为诚品通过"秉承人文、创意艺术、生活的精神"进行复合式书店经营，把书店做出一个新的文化高度。更有人说，诚品老板吴清友靠他在其他商业领域的盈余来补贴诚品运营，所以能够获得成功。

抱持这种看法并不对。诚品在台湾的成功是因为台湾早早出现了一批以阅读为乐的中产阶层，他们注重品味、热爱美食、关注健康、享受生活，而且对于设计感强的商品非常喜欢。更重要的是，他们消费得起。诚品正是命中了这群消费者的软肋，以文化阅读来吸纳人群，然后赚取周边那些定价高、和书籍有必然关系的其他产品的钱。

9. 7-11 的门店信息系统

当商家加盟 7-11 的时候，它会给你提供三项数据当作开店的参考，分别是立地数据、设施数据和长期数据。

立地数据是指调查各门店周边，半径 350 米，走路 5 分钟以内的家庭数量，如果有商户的话，还会调查商户的员工人数；设施数据，主要了解门店周边有没有学校或者医院之类的设施，这对于日常订货的预估能提供一定的帮助；长期数据是说，7-11会根据过去的数据，呈现出有关趋势的数据。所以7-11不仅是一家便利店，也是一家大数据公司。

10. 定制化的未来

产品和服务的定制化将越来越流行。但是很多企业担心的一个问题就是，成本如何控制？很显然，用户选择越多，企业成本越高。所以企业一般还是工业化思维，不提供定制，以规模控制成本，以价格吸引受众。

这里提供一个有启发的案例：Shoes Of Prey。顾客可在这家公司的网站上选配定制化鞋子，从12种通用的鞋型中选择，从平底靴到短靴。选中某一款后，厂家会针对鞋尖、鞋背、鞋跟和配饰提供不同的设计选项，每次选择点击后，屏幕中央会自动出现更新的预览图。最有意思的是，顾客可以点击鞋子的不同部位，选择颜色和材质的类型。每次选择后鞋子会转动，好像在庆祝顾客的选择。在"现在流行"的页面则列出了由网站用户所设计的鞋子的清单。这个清单看起来无穷无尽，并且每分钟就更新几次，显然用户们在其中真正获得了乐趣。Shoes Of Prey公司发现，如果定制化产品的模型复杂程度提高，客户的在线转化率会提升50%。

11. 商超经营的商业思维

根据美国零售业营销协会的调查报告显示：70%的客

户愿意到别的地方买东西，如果在那里能得到更多的娱乐活动。

这个调查结果其实能给我们很多启示，对于大型商超而言除了品种更齐全的优势外，还要提供更多的娱乐方式。不管这种娱乐方式是自己提供的，还是第三方引入的。不过对于社区周边的小型超市而言，这点并不重要，生活急需品、促销、会员积分等朴素的方式是主要手段。

12. 社区电商的优势

社区大幅度地降低了电商的信任成本和用户获取成本。这也是社区电商仍然有顽强生命力的重要基础。

13. 2016 年双 11 的三个大变化

根据对 2016 年阿里巴巴双 11 的数据分析，可以得到今年的三个新的变化：第一是消费升级。2016 年有 4700 万的消费者购买了海外商品，国际品牌也有接近 50% 的增长。换句话说，用户从购买国产品牌慢慢转向了国际。第二是娱乐和商业的结合。阿里巴巴做了"双 11"晚会，用户可以通过电视屏和手机屏来消费。第三个变化就是充分利用大数据技术，阿里巴巴的平台已经实现了个性化推荐。换句话说，我们每个人在双 11 看到的界面都是不一样的，你看到的东西有你以前购物或者浏览的痕迹。

14. 美国为何没有网红电商

首先是美国最大电商亚马逊没有投美国的社交平台，导致交易没有打通。其次是美国网红不做电商，而是代言了各种品牌，原因是美国品牌已经足够多了，这些品牌在市场上竞争很激烈，带来的结果就是美国网红不做电商，而是做代言。

我们正好处在一个转角，几乎中国所有原来的消费品牌都没有很好地代表消费者的价值观，所以就出现了网红电商，他们代表了新消费者对品牌的需求，更直观、更有态度。因为消费者找不到新的品牌来代表这件事情，所以就暂时选择了网红来代表。

15. 自媒体与电商结合

吴晓波频道是当前炙手可热的几个成功自媒体之一，对于如何运营自媒体，他发布的《自媒体700天试验报告》中有所阐述，总结起来四句话：一是内容是唯一的传播动力；二是没有价值观认同的社群是乌合之众；三是自组织是社群活跃的基础；四是有价值的自媒体必须探索电商模式。

因此简单来说社群经济公式就是：社群经济 = 连接 + 价值观 + 内容 + 电商。在连接方面，吴晓波频道2015年光线

下就举办了 2000 场活动，平均每天 6 场；在电商方面，2015
年 6 月推出"吴酒"，5000 瓶 33 小时售罄；接着 10 月再
度推出"吴酒"，72 小时销售 3.3 万瓶，令很多酒厂可望不
可及。

自媒体与电商的结合，不仅没有让人觉得可恶，弱化连
接关系，反而加强了社群关系。

16. 中国物流对电商的贡献

从 20 年前到现在，全球资本市场前 15 家上市 IT 公司的
市值增长了 180 倍。其中 5 家是中国企业，10 家是美国企业，
没有一家欧洲企业，也没有一家日本企业，全球数字经济已
经成了中美两极格局。

中国的数字经济之所以能取得如此大的成功，其中最关
键的两个因素都和物流有关：一是电商物流的配送成本低，
这才能让大众都养成数字经济的消费习惯；二是城镇化集聚
效应，中国城镇人口居住得比较集中，送货半径也短，距离
短就节约了成本。

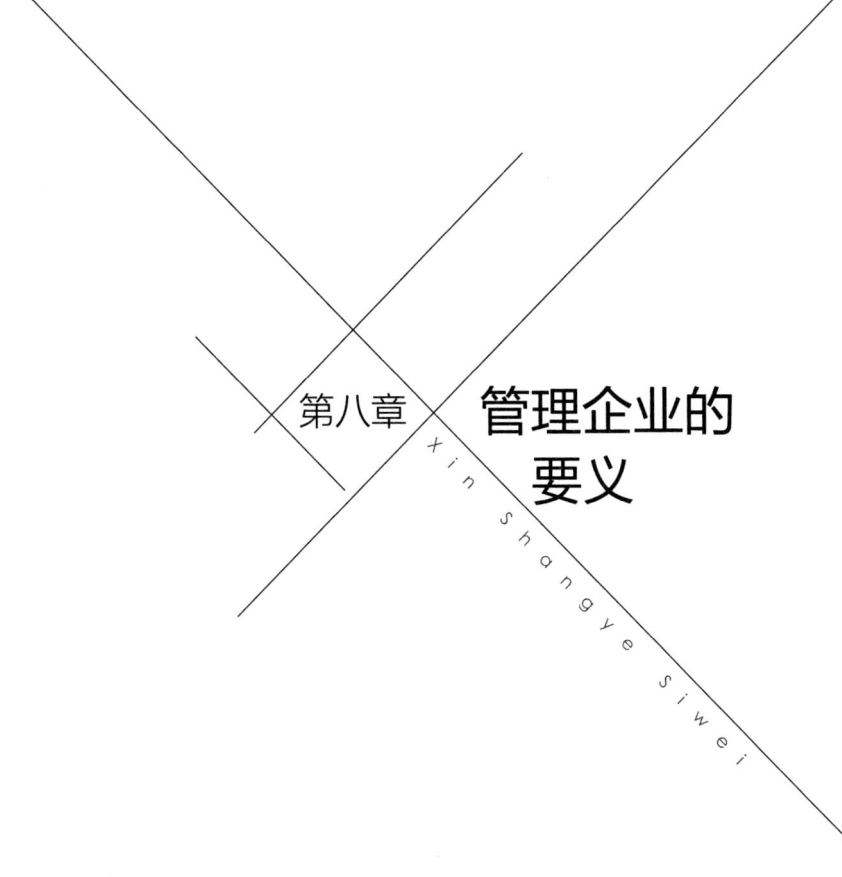

第八章　管理企业的要义

当管理者难，难当管理者，管理者难当。作为一个企业的管理人员，如何才能抓到企业管理的要义是他们十分关心的问题。德鲁克在《管理——任务、责任、实践》一书中认为"管理是一种工作，它有自己的技巧、工具和方法；管理是一种器官，是赋予组织以生命的、动态的器官；管理是一门科学，一种系统化的，并到处适用的知识；同时管理也是一种文化。

本部分我将从管理者的自我修养、战略思维、管理的细节、激励团队、企业文化等几个方面探讨管理企业的要义。

一、管理者的自我修养

"上行下效"的无形影响往往比有形的制度影响更大。管理者在管理别人之前，首先要做好自我修养。要想带领团队打胜仗，要想在激烈的竞争中胜出，管理者自己必须有一身好武功。

1. 去管理者的趋势

亚马逊在进行一项大胆的管理实验：宣布取消报告层级机构和职位头衔，取而代之为"全体共治"（Holacracy）。

亚马逊的这个实验实际上就是试图"去管理者"，造成这种变化的原因可能有三个：一是新的员工参与决策的意愿越来越强，不再甘愿做默默无闻的螺丝钉，现在越来越多的大学生选择创业就是一种表现；二是透明度越来越高，这意味着高层管理者再也无法躲在墙后独享特权信息；三是科技的发展使得沟通非常畅通，这意味着管理者在逐步失去之前在管理职能中非常重要的沟通职能，甚至出现去管理人员的趋势。

2. 古狄逊定律

古狄逊定律是英国证券交易所前主管 N·古狄逊提出

的，他认为"管理是让别人干活的艺术"。这与斯蒂芬·罗宾斯给管理的定义是类似的：所谓管理，是指同别人一起，或通过别人使活动完成得更有效的过程。

一个累坏了的管理者是一个最差劲的管理者。从基层管理人员到高级管理者，要学会的第一课就是忍住不要去抢员工的活，这会让你的员工没有成就感，更让管理者本身成为团队的瓶颈。

3. 一个女强人的作息时间

携程CEO孙洁介绍了自己每天的时间安排：她跟携程董事会主席梁建章，在几年时间中一直都是最早到公司的人。每天的七点半他们都会在公司碰下头，把一天中的重要事情商量一下。孙洁同时还是两个孩子的妈妈，在早晨孩子起来前她到公司把一天的事情安排好。时间都是以分钟来计算的。到下午6点半左右，孙洁会把晚上要做的工作整理一下带回家，先和孩子及先生吃晚饭。等孩子们都睡了，晚上9点到12点，刚好是欧洲的下午，美国上午，她就处理公司的国际业务。她每天只睡三四个小时，同时通过运动来保持精力，而且每年都要做一件挑战自己极限的事，比如跑全马、登乞力马扎罗山。

没有一个强人天生就是强人，他们只是比你更努力罢了。

4. 有事业从来不是那么轻松

曾经的亚洲女首富周群飞对自己生活的描述："凌晨 2 点多到家，洗漱到 3 点多才睡，早上 6 点半又要起床，最迟到 7 点，我已经习惯了住办公室，因为通常下班很晚，也方便与工作人员沟通。"

5. 百度陆奇的工作强度

2017 年 1 月，百度宣布任命陆奇为百度总裁兼首席运营官。此前陆奇的职业经历分为两段：1998—2008 年在雅虎，做到执行副总裁；2008—2016 年在微软，做到全球执行副总裁，是华人在大科技公司中职务最高的人。

在雅虎工作时，他一天的日程是，凌晨 3 点起床查邮件，跑步 6.5 公里左右，然后去办公室。他还经常把会议时间安排在晚上九点。陆奇最大的标签就是人工智能，而李彦宏这次给予陆奇的权利史无前例的大。陆奇的到来透露出的一个重要信息是：百度对人工智能的极大看重。

6. 扎克伯格的年度挑战

扎克伯格发布的 2017 年挑战目标是：在年底前访问和会见美国每个州的民众。而他之前几年的挑战目标分别为：学习中文（2010 年）、只吃自己亲手屠宰的动物（2011 年）、坚持每天写代码（2012年）、每天认识一个公司外的陌生人（2013年）、每天至少写一封感谢信（2014年）、每月读两本书，学习不同的文化、信仰、历史和科技（2015年），开发控制家庭环境的人工智能助手，跑步587公里（2016）。

管理者需要不断跳出自己的舒适区，给自己带来冲击，逼迫自己成长。

7. 不要为安稳的日子找理由

Airbnb创始人布莱恩·切斯基对《财富》杂志说："在当今社会，我们习惯了在所有不适当的时刻避免冒险。大学毕业后，人们告诉我们要做有保障的事情，要做出正确的选择，要保持低调。人们以为，我们要站稳脚跟或找到一份稳定的工作，然后才可以尝试孤注一掷。但生活并非如此，这样理解风险是错误的。我的建议是不要等待。我们总能找到各种安稳过日子的理由。但通常情况下，人一生中最令人激动的时刻，始终是你选择冒险的时候——你决定跟随内心那种痛苦的感觉，而不是选择别人建议的安全、谨慎的道路。"

8. 吴恩达给年轻人的时间投放建议

Coursera联合创始人，曾任百度首席科学家的吴恩达认为需要考虑两个问题：一是你所做的事情是否能改变世界；二是你需要学习多少知识。对第二点，吴恩达强调在我们还年轻的时候，不要吝惜自己在教育方面的投资。这里的年轻指的是小于 100 岁。

9. 经验、天赋与牛人

凭借经验与天赋是不是可以成为牛人呢？

INSEAD 商学院有一项研究发现：比起只有少量经验的人，更有经验的管理者并没有产生更高效的效果。也就是说，管理经验对管理其实是无效的，这一点可能会颠覆很多人的三观。

经研究发现，即使像国际象棋这种靠智力的比赛，国际上一些排名靠前的大师，甚至在天生智力上低于普通人。

心理学家 Ericsson 的研究发现，决定伟大水平和一般水平的关键因素，既不是天赋，也不是经验，而是刻意练习的程度。

10. IBM 为何选择郭士纳

20 世纪 90 年代，IBM 公司遇到了前所未有的危机，两位董事会成员开始为公司找合适的 CEO。当时整个行业都认为，IBM 会选一位技术出身的 CEO，甚至《纽约时报》还专门发文章，列举了几个人选。但是 IBM 公司的两位董事会成员，花了整整一个月的时间，跑到全球各地对专家和客户做访谈。

最后他们发现，公司的问题不是技术，而是商业模式。

IBM 需要的是一个有商业头脑，还能以客户为导向的 CEO。明确了目标之后，他们联系了几位候选者，最终找到了在一家烟草公司任职的郭士纳，他甚至连电脑都不会使用。郭士纳上任不久，就领导 IBM 公司扭亏为盈，股价翻了一番，让公司起死回生。

11. 新世界首富

2016 年 9 月，西班牙零售奇才、ZARA 创始人阿曼修·奥尔特加超过了比尔·盖茨成为世界上最富有的人。阿曼修·奥尔特加的净资产达到了 795 亿美元，而比尔·盖茨则为 785 亿美元。奥尔特加 12 岁那年，和自己的母亲一起去一家食品店买吃的。这家食品店的柜台很高，小小的奥尔特加站在柜台前面什么都看不到，却清晰地听到柜台里的人对自己的母亲说："太太，真是对不起，我不能再给你赊账了"。很多年以后，奥尔特加仍然对当天下午的那番话刻骨铭心，他将此称为"童年的重创"。正是在那个时刻，12 岁的奥尔特加清楚地知道自己家里已经穷到无以为继，也是从那个时候开始，他下定决心要摆脱贫穷。当初阿曼修·奥尔特加拿的启动资金不足 100 美元，而开始的事业也不过是和他的妻子 Rosalia Mera 在家里的卧室里制作内衣、睡衣和睡袍。

很多人的起步都平平淡淡，只是有一些人把平淡做得越来越精彩。

12. 乔布斯提倡发脾气表达不满意

百事首席执行官 Indra Nooyi 回忆她在 2006 年刚成为百事 CEO 时，向苹果公司的史蒂夫·乔布斯寻求建议。

当时乔布斯在管理上给她的最重要的建议是：如果你非常不喜欢一件其他人正在做的事情，那就通过发火让他们知道你的感受。有时候，得到你想要的东西的最好方式就是发脾气。

13. 对勉强的事情说不

苹果公司高级副总裁艾迪·库伊谈到苹果会不会收购某个好莱坞工作室时说："苹果有一个优点，就是对于知道如何能做到很好的事情，就会全力以赴；而对知之甚少，或是没有很多相关专业认识的东西，绝不会勉强尝试。"

正是这种专注与专业成就了今天的苹果，不管对于企业还是个人，这都很有启发价值。

14. 马云的三个自问问题

马云建议，不管经济形势好坏，做企业永远问自己三个问题：你有什么、你要什么、你能放弃什么。每一年都要问，在你痛苦的时候，要问这三个问题；在你开心的时候，也要问这三个问题。

他认为想明白这些以后，就不用在乎经济形势好坏，你都能成功。

15. CEO 不能天天盯着股票的涨跌

2016 年的"双 11"当天，阿里巴巴天猫销售额达到惊人的 1207 亿，但是阿里巴巴的股票却有小幅下跌。

面对这个情况，CEO 张勇说："如果我每天看股价，就会发现做什么决定都是错的。公司股价低，未必有那么糟糕；股价好，公司也未必有那么好，公司还是要创造长期价值。"

16. 答应是一种信任能力

柳传志说过一段话，影响了很多管理者："你做不到的事就别答应，答应了以后就要坚决做到。有些同志甚至领导请我来参加或者主持什么事，不管是我多尊敬的人，要是做不到，我也推了。他说，老柳你出来，这事就做成了。我之所以能做成的原因，就是因为我不都做。你要是答应什么都做，就会变成什么都做不到，于是就变成了到各个会场上，这坐一会儿就走，那坐一会儿就走，忙得不得了，什么事也做不成。"

17. 霍夫曼的两个习惯

里德·霍夫曼是 Linkedin 的联合创始人，也是硅谷首屈一指的天使投资人之一，曾投过 Facebook、Airbnb 等公司。

霍夫曼有两个有意思的习惯：一个是带着问题去睡觉。因为在睡眠的时候，你的大脑会重新充电，潜意识开始工作和思考。等到起床之后，霍夫曼通常会用一个小时的时间，去解决昨晚睡觉前的问题。另一个习惯是强调速度至上。他会和秘书说："如果你能提高处理问题的速度，你就有权自行决定事务，而不用经过我同意。"霍夫曼甚至允许 10% ～ 20% 的出错率，只要速度能更快。

18. 企业家视野与决策

盛田昭夫在《日本制造》一书中说：企业家的关键职责是决策。

企业家必须具备宽广的知识面，不能只局限于与自身工作相关的狭窄领域。还需要通过学习知识和获取经验来培养敏锐的直觉，即感知超越现象的深层理解，这样出来的决策才更可能趋向正确。

19. 合理性与认知范围

一个管理者往往会认为自己的思维方式是合理的，但这种合理性只是他们认知范围内的合理性。

事实上，有一大堆他们并不知道的事实和因素，如果考虑进来就不见得合理了。如果忘了这一点，不管得出看似多么合理的结论，都有可能是莫大的谬误。所以，一个管理者一定要不断提升自己的认知范围。

20. 管理者的三个维度素质

陈春花教授认为，管理者必须具备三个维度的素质：一是对责任、对目标承诺的能力，不能一遇到压力就跑。二是能发现别人的优点。管理大师德鲁克曾说过，管理者其实自己是没有绩效的，他的绩效取决于他的上司和他的下属。所以作为管理者，很大程度上是要让大家发挥优势。三是思维方式，遇到的每个问题，都能找到解决方案。

21. 成功企业家的特点

成功的企业家，他们往往既像唐僧又像刘邦。

像唐僧是说目标坚定，别人觉得方向错了，产生动摇的时候，他能义无反顾地往前走。像刘邦的意思是说，创业不是单打独斗，要组建一个团队，才能成就一番事业，别人才愿意跟着你干。

22. 管理者的协作能力

在组织中，每个员工都会觉得自己很牛，作为管理者重点不在于激励哪些牛人，惩罚哪些不牛的人。

最重要的是：建立一条协作的链条，使这些人的工作效率最大化，然后才是激励牛人，最后才是惩罚不牛的人。

23. 几十年来 CEO 背景的变化

莱格斯坦调查近千家大型公司 1919—1979 年 CEO 背景的变化：

1880—1920 年间：CEO 中创建公司的人占多数；1920—1940 年间：有较多的人来自生产部门；1940—1960 年间：有较多的人来自销售部门；1960—1979 年间：较多来自财务部门。

这些变化反映了公司面临挑战的变化：三十年代主要是生产问题，四五十年代主要是分销问题，六十年代后则主要是财务问题。

二、战略思维的高度

战略是对全局起作用的整体规划和部署。战略思维方式突出表现在全局关系性、过程前瞻性和结构预置性上。如同医生做手术必须要有解剖刀一样，思维方法就是人们把握认识对象必不可缺的解剖器。

1. 什么是战略的"略"

我们说战略，很多时候大家都是把眼光放在"战"字上。那么，什么是"略"呢？我们不妨看一下法国哲学家帕斯卡尔举的一个例子：当一块木板放在地面上，一个人从木板的这一头走到那一头，轻轻松松；但如果把这块长长的木板放在两座楼之间，或者是放在两个山峰之间，让这个人去走，他可能会寸步难行。原因是什么呢？因为后者使他眼里看到的东西太多。

因此，企业战略意味着忽略一些东西，企业才会勇往直前，心无旁骛。

2. 商业节奏

耐克 CEO 帕克曾是田径明星和马拉松选手。他曾在耐克发起过一项独特的竞赛：赢得比赛的不是跑得最快的人，也不是跑得最久的人，而是那些能够准确预估自己跑完全程所用时间、清楚自己能力的人。而帕克总是这类竞赛的冠军。

换句话说，马克·帕克想要的赢家是能掌控节奏的人。

3. 商业回归本质

商业尽管有时会疯狂，但是终究会回归本质，回归本源。

回归本质表现为三个方面：第一，回归利润本质，企业不赚钱没有意义；第二，回归精英创业，从大众创业回到精英创业；第三，从线上到线下的回归，从线下向线上走容易，但线上打到线下困难。

4. 创造价值的企业不会消失

不管何时，那些创造价值的企业是不会被干掉的。

比如，不管有没有 O2O，阿姨还是要打扫卫生，这是不变的。改变的是跟阿姨匹配的组织，以前可能是街道的家政中心，现在是互联网家政公司。相反那些不创造价值，一心拼流量的公司，火了一段时间，马上又消失在江湖。

5. 战略的走向

阿里巴巴曾经做过战略落地十年回顾，结果发现了一个特别有趣的事情：阿里巴巴大部分战略的最终走向和最初制订时都是不同的。原来公司制订的战略是要往 A 去，但实际中却偏到了 B，而且 B 开出来的花特别漂亮，远远超过当时的预期。

6. 对业务的思考方式

如果问公司从事什么业务？不要从技术、产品、类别的角度回答这个问题，而是要思考公司在为客户解决什么问题。

7. 竞争首先要培养出竞争者

足球比赛是全球最受关注的球类运动，制作足球有两项技术很关键，一是足球要足够圆，二是要变形小，一般在大雨中比赛也不要超过 0.1% 的重量增长。而拥有这项技术的公司叫作 Bayer，他们也造出了像阿司匹林、聚氨酯等闻名世界的产品。

该公司有个重要的竞争理念：竞争首先要培养出竞争者，自身的竞争力才会足够强大。强调与人打架，身体才会健康。两万年前的蚂蚁跟今天的蚂蚁并无差异，因为它们一旦知道蚁后是谁，就清楚剩下的事情就是找食物和协作了，毫无竞争意识。

8. 竹林式成长与松树式成长

过去的公司成长就像松树，需要较长一段时间才能成长为一家大公司，而且在倒下时也是瞬间轰然倒塌。

但现在的公司应该像竹林，竹子具备两个特征：第一是成长速度非常快，第二是必须成林，因为单根竹子很容易夭折。

9. 像树一样生长的企业

企业的成长要像树从下往上生长。首先是扎根，把树根扎稳了，再长树干；然后是枝与叶；最后才是花与果。企业必须守住为客户创造价值的根本（树根），然后打造干部团队（树干），培养组织能力（枝叶），最后才有源源不断的业绩和成果（花与果）。

所有从上往下打的路数，基本都是歧途。

10. 商业生态链与渠道创新

小米生态链是很多企业学习的榜样，它的生态链可以分四层：最中心的第一层是手机、电视等基础硬件，第二层是跟基础硬件相关的耳机、充电宝、手环等，第三层是电饭煲、电水壶、智能台灯等物联网设备，最后一层是家庭耗材类，比如和电饭煲相关的大米、和净化器相关的滤芯等。

小米认为各种智能硬件终端都可以成为渠道，比如用户在小米空气净化器的 APP 页面就可以下单购买滤芯；物联网设备也可以主动向用户推送信息。这样整个生态链就能成为一个渠道。

11. 牵一发而动全局

英国人到美洲后第一次接触到烟草，并且对印第安人吸烟这件事很感兴趣。后来英国人把烟草带回欧洲，在欧洲贵族中流行起来。为了在船上装更多的烟叶，欧洲的水手就把压船舱的石头扔到了美洲，石头上的泥土里有英国的蚯蚓。在欧洲人到来之前，今天美国的新英格兰地区和中西部北侧是没有蚯蚓的，它们在最近一次冰河期灭绝了。蚯蚓引入之后，树林里的落叶成了它们的食物，这些落叶是很多森林植被的养分来源，于是无法获得养分的很多植物都灭绝了。蚯蚓和许多小型昆虫竞争食物，让这些小型昆虫也减少了，捕食这些昆虫的鸟类、蜥蜴和哺乳动物也逐渐减少，甚至灭绝。小小的蚯蚓，就这样改变了美洲森林的生态环境。

企业管理者也应该思考那些可能引起全局变化的小变量，不起眼但是却有牵一发而动全局的威力。

12. 定期复盘

联想有一种称为复盘的学习方式：做一件事情，失败或成功，重新演练一遍。大到战略，小到具体问题，原来目标是什么，当时是怎样做的，边界条件是什么，回过头做完了看做得正确不正确，边界条件是否有变化，要重新演练一遍。

很多时候管理者都忙于做事情，但是在忙碌中会忽略做这件事情的初心和意义。定期的复盘和总结有助于唤起大家重新认识最初提出要做某件事的动机，看它是否还值得做，发生了什么变化。

13. 企业存在的意义

2014 年 8 月，万达集团与腾讯、百度订立战略合作协议对抗淘宝，由万达集团持股 70%，腾讯及百度各持股 15%，总投资 50 亿元共同成立电商公司，戏称 TBW（腾百万）、WTB（玩淘宝）。后来，百度和腾讯退出该公司，这意味着散伙。

马云说过一句很有道理的话：如果一个公司建立的目

的在于对抗，而不是企业使命，那么这个公司就只能短期存在。

14. 阿里巴巴的灵动模式

阿里巴巴的组织形态由原来按部门条线的组织，发展到按事情、按项目、按战区的组织模式，显得比过去灵动很多。

在一个灵动的组织里有两点很难做到：一是在过程中获取信息与获取资源的能力，二是评估。阿里巴巴员工的手机上有个 APP，可以在上面开内部的会，大家通过 APP 给别人点评，点个赞或者踩一下。到年底评估的时候，这些反馈就是老板和员工沟通的依据。它的意义在于，可以从实际的场景中及时收集绩效评估信息。在灵动的组织里，评估是随时发生的。

15. 设定高目标的好处

好莱坞导演詹姆斯·卡梅隆也是发明家和探险家，他曾在工业光魔的帮助下，在电影《深渊》中使用了 CG（计算机生成动画）技术，产生电影史上第一个软表面、电脑制成的形象。后来卡梅隆执导的《终结者 2》《泰坦尼克号》《阿凡达》等影片都是非常复杂的技术工程。

片场的同事曾表示卡梅隆的标准极为苛刻，卡梅隆这样解释："如果你将目标设定得非常高，即使最后失败了，你的失败也在别人的成功之上。"

16. 伟大的理想促成了高绩效

吉姆·斯坦格尔曾是宝洁公司全球市场营销负责人，他联手一家调查公司搜集了大型品牌的股市表现数据。结果发现：50 个以崇高宗旨、伟大理想为目标的品牌，其股价表现要远远好于标普 500 指数。从 2001 年到 2011 年，投资他们获得的收益是标普指数基金成分股的 5 倍。

也就是说，消费者们都更愿意去支持有伟大理想、会做出巨大改变的公司。他们能够赢得更多的客户、更多的投资者以及更多的口碑。

17. 低垂的果实

果树上低垂的果实相对于顶端的果实而言，是容易得到的。但当我们去争取低垂的果实时，是不太可能把个人潜力发挥到极致的。其实这个位置的竞争比在树顶的竞争更激烈。采摘低垂的果实，激烈的竞争不仅会降低获胜的概率，往往还会导致表现欠佳。

三、有效的管理细节

我们都听说过一句话：细节决定成败。细节决定成败，并不是要求企业管理者事无巨细地去管理，但是一些管理的细节如果运用得好就能起到事半功倍的效果，决定事情的成败。

1. 星巴克的轻管理

Starbucks 星巴克这两年以每 18 个小时就新开一家店的方式在扩展，但是他们应该是轻管理模式。

如何做到"轻管理"？星巴克迅速扩张得益于统一的标识、标准化产品与操作程序，而管理上成功的原因是它对员工的价值观：创造机会、共享成果、强调爱。这样把管理层的事情让给员工去自我管理，实现轻管理。星巴克把同事都称为伙伴，全员持股，包括一年满 360 小时的兼职伙伴都可以获得咖啡豆股票。

2. 地位与接受度

为什么有些人的创新更容易被接受，而有的会受到鄙夷呢？心理学家埃德温·霍兰德认为："我们打压那些试图挑战现状的低地位的成员，但会包容甚至有时赞赏地位高的人的创新。"比如在一项实验中，人们对一流大学中教授的地位和能力进行排名，当教授穿 T 恤并留着胡子，他们的排名要比戴领带、胡子刮得干干净净的人高 14%。

当员工地位不高时，创新往往被压制；而地位高时，创新往往被肯定。

3. 工程师思维

工程师思维的核心是模块化的系统思维，通过解构把一个较大的系统打散成一个个模块，然后再进行重构，把这些模块按照功能性重新组合。

这种思维的重点在于，把一个大的企业目标进行分解，使其不是死板一块、虚无缥缈，而是透过模块化的任务直到实现最终目标。这对于一个大的组织目标达成极有帮助。

4. 任务的分解效果

美国宾夕法尼亚大学曾做过一个实验，给学生们 5 美元，让学生们看两份传单。第一份写着一些国家有数百万穷人需要援助，第二份写着一个 7 岁小女孩有多穷困。结果看第一份传单的学生平均捐了 116 美元，看第二份的捐了 283 美元。为什么呢？因为人们对帮助一个穷人通常会很慷慨，但看到大面积的贫困时，通常会很泄气。

如果把这个结论放在企业经营管理里面的话，就是告诫我们在完成大任务时，要注意将任务进行分解。这样不至于让员工觉得事情遥不可及，降低他们为之奋斗的意志。

5. 竞争性测试

实验人员邀请一批学生参加竞争性测试，有的组有 10

人参加，有的组有 100 人，他们彼此间都知道其他人也在接受测试。结果表明，小组中人数越少，学生得分越高。如果竞争对手只有几个，学生们就会表现得更加努力，成绩更好。

换句话说，如果想要有更好的表现，最好让自己的竞争对手少一点，目标明确一些，这样成功的可能性反而会更大。这给管理者的启示是：把大团队分解成小团队，更利于提高竞争性。

6. 犯错与创新

犯错是想要做事情，但是在做事情的过程中出错了，这与犯罪有本质上的区别。如果管理者发现公司内部的创新在消失，有一个原因就是员工担心犯错会让自己的职业生涯受损。

7. 员工数与工资

很多企业为了节省人工成本，花了很多小钱找了很多人。但是最有效的方式其实是：两个人干四个人的活，发三个人的薪水，发市场上 1.5 倍的工资，更容易招到厉害的人。

8. 丰田精益制造的核心

很多企业都引入了精益制造体系，但是也没有出现和丰田一样的全球化企业。其实丰田精益制造的关键是需要一线员工发挥智慧，所以他们会在对一线员工进行培训，还有专业化提升方面做了大量的投入。

而在中国的制造企业当中，大多数管理者并不认为一线员工也有智慧。他们会把一线员工看成是人工成本，甚至觉得给一线员工涨工资，企业就会失去成本的竞争优势。

9. 公司中加一些做游戏设计的人员

我个人建议，老板们在公司的营销部门招聘 1 ～ 2 个以前是做游戏设计或制作的员工。

原因很简单，很多游戏设计中的激励思维、用户留存思维、场景思维等会大大加强营销活动或者策划的效果，让顾客沉浸其中，像游戏一样上瘾。

10. 高管与做琐事

谷歌有个规定：职位再高，也要做琐事，而不是把这些事情交给下级。所以，你在谷歌几乎看不到传统的那种象征身份的事物，比如配备秘书的接待室，等等。

从专业化的角度而言，这样做肯定是不适合的，会降低高管的时间效率。但是如果我们从另外一个角度看，高管为了避免自己做太多的琐事，就会自觉简化自己的工作和无关紧要的事情，实际上是提升了效率，简化了流程。

组织管理有的时候并不是事情多，而是因为人多导致了事情多。这就是今天很多政府部门的基层工作人员，显得很忙的原因。

11. 亚马逊的随意摆放

很多标准化操作公司往往要求摆放东西规规矩矩。但是在世界著名品牌亚马逊却有一条"随意摆放"的规则。

如果你在亚马逊仓库发现尿布与饮料放在一起，不要奇怪，这是亚马逊独特的随机摆放制度。所有货物都按照节省空间的原则随机摆放，同类商品有可能分散在不同的货架上。负责上架的员工，会根据行走的路线，以及货架上是否有空间，随意摆放并扫描至系统里。这样做的好处是缩短拣货的距离。数据会清楚地记录着货架利用率，哪里还有多余空间，结合商品的物理参数为员工自动推荐上货区域。在数据系统的指令下，即便新手也能快速完成上货、拣货、出货等系列流程。在亚马逊运营中心，新员工的学习曲线约 3 周的时间，在这种看似随意的摆放原则下，亚马逊处理每个订单的平均时间比之前省 3 分钟。

12. 腾讯的安居计划

腾讯人力资源管理发现，进公司满 3 年的毕业生流失率非常高，达到了普通员工流失率的 3 倍。后来他们在分析离职理由中发现一个关键因素：丈母娘。2012 年前后刚好是深圳房价快速攀升的阶段，毕业三年又到了结婚年龄，很多人就会选择回到家乡或二线城市，因为这样可以满足丈母娘结婚必须有房子的要求。

了解到真实原因后，腾讯就推出了安居计划：公司拿出一笔基金，免息提供给符合条件的员工，帮助员工提早买房。毕竟这些员工将来一定是买得起房子的，只不过需要把这个时间提前。如果找银行贷款也贷不到很多钱，更何况腾讯账上有很多现金，本金和利息成本也是腾讯在人才保留上愿意投入的。结果几年下来，在人才竞争非常激烈的外部环境下，参与安居计划的员工流失率不到 1%。

13. 谷歌提升员工满意度的方法

谷歌进行了一项名叫"谷歌 DNA"的长期研究项目。他们分析表明，新员工刚入职时的满意度是很高的。时间一长，绝大多数员工的满意度都会慢慢下降，但总有些员工的满意度是没有降低的。原因是什么呢？

经过研究，他们发现是因为这一部分员工更懂得感恩。所以谷歌总部的人事部就开展了大量的工作，去培养员工的感恩心态。其中他们做的一个重要举措是：如果谷歌的员工去世了，会给员工家属继续支付为期 10 年的半年年薪。

14. 开放式办公室真的好吗

现在很多企业都开始流行开放式的办公室，采用封闭式办公室的企业越来越少。但是开放式办公室真的有那么好吗？

悉尼大学教授们 2016 年的研究数据表明，全开放式办公室的人约有 50% 对声音隐私感到不满，在配有矮墙的隔间环境中，这一比例也接近 60%。身处封闭式办公室的人，只有 16% 怀有相同感受。美国伊利诺伊州环境和设计心理学家 Sally Augustin 研究认为，最好的工作都是在注意力完全集中的时候完成的，在吵闹的空间里工作的效果比不上安静的环境。开放式办公室的确增加了人们之间的沟通，但与工作有关的交流并未增多。如果你在开放式办公室工作，还是需要到会议室里进行头脑风暴。根据 BBC 的报道，封闭式办公室可以帮助我们集中精力，而简单的分神就会导致精力分散长达 20 分钟。

15. 多任务处理会降低工作效率

麻省理工学院神经科学教授厄尔·米勒最近研究得出，人们不要尝试多任务处理，因为它会降低工作效率，导致错误连篇，妨碍创造性思维。

米勒教授说，当我们同时处理多个任务时，整个过程看似无缝衔接，但实际上也需要有一系列小的变化，比如你在写文案的过程中不得不停下来查收邮件。当你重新回到文案工作上时，大脑必须付出宝贵的脑力，让自己重新集中精力执行这项任务，查看已经完成的内容和修改错误。这不仅浪费时间，也会影响创造力。毕竟创新思维来自于长时间的精力集中，当你尝试进行多任务处理时，你通常很难在一条道路上走得足够远，也就无法产生一些新颖的想法。

16. 万达的会议细节

首先是绝对没有人迟到，而且一定会有人早到。因为在万达开会有一个不成文的规定：下一级一定会比上一级提前到 5~10 分钟。这不仅是一种尊重，更是一种对会议的态度。

其次是准时散会。开会基本是通知几点结束就几点结束，每个发言者也都会主动控制自己的发言时间。

第三是控制展示 PPT 的张数。万达开会时使用的 PPT 风格都很简单，一般开会不许超过 10 张，给董事长、总裁汇报基本不会超过 3 张。

第四是参会的人不允许走过场。要来开会的人必须能当场拍板，找能管事的人来开会。

17. 万科的体重制度

在万科的管理体系中，有这样的规定：要求员工体重不要轻易增加。万科要求每个一线公司员工数在 150 人左右，每个公司会有一个平均重量。平均重量如果增加的话，会影响这个公司管理者的业绩和奖金。

王石说之所以这么做，是因为现在工作节奏很快，人们普遍容易焦虑，再加上营养过剩，如果缺乏运动就会导致身体出现问题，万科希望公司员工都能够保持身心健康。

18. 开会就是捅刀子

阿里巴巴的 CEO 张勇说，他在开会之前要求所有人把 PPT 全发过来，这样让他会议前就获得足够的信息。

开会时间主要用来讨论，张勇把这个叫作"捅刀子"。一般来说，他会在开会的时候随机问一个问题，随便捅一刀，看看这个人有没有想法。如果这一刀下去没有见血，说明这个人准备得很充分。那就换个人捅，如果见血了说明这个人准备得不充分。于是继续捅第二刀、第三刀，直到体无完肤。

19. 闪电风暴法开会

理论上来说，开会是为了提高效率，但很多会议实际上并没有什么效率。

研究显示，两个小时的会议效果，其实一个小时也能达到。所以，开四次一个小时的会，比开两次两个小时的会的效果要好。

开会遇到的另一个问题，就是怎么才能让所有人都参与到会议中。美国西北大学汤普森教授推荐了一种叫作"闪电风暴"的方法，意思是把"闪电约会"和"头脑风暴"相结合。具体的操作方法是，把员工两两配对，进行一对一的讨论，交换彼此的想法。然后每过一小段时间，让员工移动座位，继续和另一个人进行同样的交流。这样的方式，可以让所有人都参与到会议中。

20. Google 的 OKR 绩效管理

Google 的每个员工，每个季度都会给自己定一个或者几个目标（Objectives），并且衡量目标是不是能达成关键结果（Key Results），这几个词合在一起被称为 OKR。

每个人的 OKR 会放到自己的网页上，大约半页纸长，大家都可以看到。如果谁没有制订 OKR，一目了然。即使没人催你，大家看到你的网页上是一片空白，你自己都不好意思。

这点对于一些创意型、强调个人能力的公司，很有借鉴意义。

21. 程序公平和结果公平

有这样的实验：一家控股公司有 A、B 两个制造中心，但它们的经营状况都不好，领导决定给他们全员减薪。但是在减薪的决定公开之前，有人去 A 厂了解了各种情况，听了员工的反馈，让员工们能及时了解决定的进展，全程参与进来。但是对 B 厂的员工不做任何解释，直接减薪。然后研究人员观察两个工厂员工的不满意行为，结果发现：虽然员工们都很不满意，但没有接到解释的 B 厂，不满意程度远远高于 A 厂。

在这个研究里我们能看到，虽然结果是公平的，两个工厂员工都被减了薪，但程序不公平直接影响了员工行为的变化。

22. 什么才是真正的结果导向

绝大部分的公司其实都是方法导向，包括一些强调是结果导向的公司也是如此。他们做事的方法，往往是在接到一个任务时，首先会确定任务的性质，然后调用通常惯用的方法来开展工作。这导致我们往往无法摆脱原有的模式，而很难有破坏性创新出现。

什么是真正的结果导向呢？福特 T 型车就是一个例子。福特 T 型车让汽车的价格从 20 世纪初的 4700 美元降低到了 1910 年的 360 美元，产量超过了全世界汽车总产量的一半。很多人以为，亨利·福特是因为找到了流水线装配的标准生产流程，从而降低了成本，然后才推出了价格极低的 T 型车。这是典型的惯性思维，因为传统的定价方式就是成本决定价格。老福特并没有这么想，他经过计算认为，只有汽车的售价降低到这个价格水平，美国人民才会大量消费汽车。所以他是先定了价格（也就是目标），再去寻找大规模降低成本的方法。

23. 京东的 24 小时效率法则

京东有一条规定叫 24 小时机制，当一个下级对上一级有任何请示汇报的时候，上一级在 24 小时必须给予回复，必须给出 Yes or No 的回答，不允许含含糊糊。

为什么定 24 小时？因为全世界飞行时间最长的飞机就是从悉尼飞到阿拉斯加，需要 17 个小时。24 小时你还剩 7 个小时去思考就足够了。如果管理者 24 小时不回复，年终考核时下级就会给他打低分。

24. 拖延症的 150 定律

这条定律的意思是说，如果管理者要想按时完成计划，就把你预想的时间乘以 120%，如果是合作项目呢，则要乘以 150% 甚至 200%。

有一项心理学研究，要求毕业生预估自己提交毕业论文的时间，结果只有 30% 的学生准时提交，大部分学生需要的时间要多得多。而且如果一项任务需要人们彼此合作，拖延的程度就会更夸张。

25. 办公室与同事接触的机会

麻省理工学院的一项研究说：如果员工在同一栋楼的同一楼层办公，员工有 95% 的机会接触到另一个部门的人；如果处在不同楼层，只有 5% 的机会；如果处在不同的大楼，这种机会接近于 0。

楼层的设计与员工沟通有非常大的关系，乔布斯生前为此绞尽脑汁。

四、激活团队与人才

从管理学角度来看，一个团队，当它为个人提供价值贡献时，这个团队才更有生命力；而激活个人、发挥平台的引导作用，已成为一个好团队的最重要特征。

1. 小团队与创造力

心理学中有个叫责任扩散的理论，该理论认为：人越多，每个人就觉得自己的责任越小。

这给管理者的启示是：一个团队不适合拥有太多成员，一般以不超过 5 个为佳。

2. 谷歌的小团队文化

谷歌的小团队就像企业的"小细胞"，它们的形状随时变化，可以随时调整自己。

这种灵活的组织架构让谷歌能迅速应对新的产品项目，他们可以在几乎不用准备的情况下成立新部门，也可以迅速解散。

3. 团队的生态

2003 年纽约尼克斯队来了个新主席 Isiah Thomas，他自己就曾是 NBA 球星，按理说应该非常懂篮球。但他就职后，提出只用球员每场比赛的平均得分这一标准来筛选球员。尼克斯队花了大价钱买得分高的球员，它的首发阵容就是全联盟得分最高的五个球员。结果比赛成绩一塌糊涂，四个赛季里尼克斯队的综合成绩排到了全联盟的倒数第三，输球率高达 66%。一直到托马斯卸任主席之后，尼克斯队才重新科学买人。

所以，一个团队不在于每个人在一个方面都很牛，而在于是否可以配合做一件很牛的事情。

4. 潜力领导人

很多组织都会遇到后备干部到底应该占多少比例的问题。

根据最新的研究数据，这个比重大概在 16%。也就是说每 100 个员工中，有 16 个人可能是未来的领导人。大部分公司会把储备干部的比例控制在 15%～30%，比例太高或太低，都会造成人才流失。从数据中还可以看出，有潜力的人才平均年龄在 30～35 岁之间。

5. 不要盲目扩张团队规模

很多领导者在创建团队的时候，会掉进两个陷阱：一个是团队规模过大，一个是同质化严重。

美国西北大学汤普森教授建议：组建团队的时候，不要什么人都请进来。控制团队规模的办法就是，在你需要某些专业知识或者技术的时候，聘请相关的专业人才当你的顾问，而不是把这些人招进来。

另外，当团队里都是同一类人，大家的思维方式都差不多的时候，可能会让团队的视野变得狭窄，创意不足。这时候要增加团队的流动性，通过改变团队成员的结构，用一个新人替换掉团队里的一个人，来提高团队的创造力。

6. 公司内部人才的培养机制

Linkedin 全球副总裁韦德·伯吉斯在《哈佛商业评论》发表的文章中说，很多公司从外部吸收人才而不是从内部培养，但其实应该相反。很多公司挖人的原因是公司发展需要更新的技能，但现有员工的技能与它不匹配。

伯吉斯认为，处理方法是不要只考虑公司员工曾经做过什么，也要考虑他们能够做什么。公司希望雇佣可以立即工作、高效率的外部人才，但事实上从内部培训成本更低。很多公司宁肯裁员也不愿意去培训现有员工，因为他们认为员工缺乏忠诚感，迟早会离开，这就浪费了培训成本。但是当公司不重视内部培训，也不从内部挑选人才时，员工会感到在这里没有前途，可能会选择跳槽。

不停更换员工的成本比培训员工的成本更高。

7. 谷歌的递进式人才标准

如果第一次没招到一流的人才，下次就要提升招聘基准而不是降低。坚持下去，一次比一次招聘更强的人才，企业的成长就会持续加速。

上述就是谷歌的招人准则之一。招人的时候，谷歌有个要求，每进一批新人要比现有人才的水准更高。

8. 如何让员工帮公司招人

很显然，员工最知道公司需要什么样的人才。那怎样才能让员工积极推荐人才呢？一个很重要的做法，就是让员工知道自己推荐人才之后的进展。

比如，谷歌有一段时间发现，自己员工内部推荐人才的比例有所下降。开始谷歌觉得是奖金太少，于是把推荐奖金从 2000 美元变成 4000 美元，但没什么用。后来谷歌经过分析，提高员工推荐率的关键就是让员工及时知道，自己的推荐到底进展到哪一步了，否则他们的积极性就会受打击。于是谷歌做了调整，把招聘进展及时告诉员工，这样他们的积极性又被调动起来了。

9. 面试中看挫败经历

一些高明的面试者，不是问求职者做过哪些产品，产品增长了多少，而是让他们说一说，自己经历过的最大的挫败是什么。从求职者的描述中，他们就能知道，这个人的挫败到底算不算一个有意义的挫败，还可以了解这个人是怎么处理挫败的。

如果是一个资历比较浅的人，一般不会遇到很重大的挫折，只有那些资历很深的人，才会有那些很重大的挫败经历。面试官可以从这些经历中，考察求职者从挫败中恢复的能力。

10. 阿里巴巴的员工分类

阿里巴巴人力资源部对其员工有四种比喻，分别是明星、野狗、黄牛和小白兔。

明星是指有才又有德的员工，野狗是指有才无德的员工，能力差一点但任劳任怨的员工是黄牛，有德无才的是小白兔。他们认为，对明星要大胆用，对野狗要限制用，对黄牛要放心用，小白兔最好不要用。

11. 顶尖公司的调度人才方法

贝恩咨询公司的 Michael Mankins 在《哈佛商业评论》发表的文章中指出：一流公司与普通公司里顶尖人才的比例接近——基本是每 7 个雇员中有 1 个顶尖人才，比例大致在 16%。

真正将一流公司与普通公司区分开来的是他们调度人才的方法。Mankins 的文章发现了两种截然不同的人才调度模式：一流公司有意实行不平均主义。他们会把顶尖人才放在对公司有巨大影响的位置上。公司大部分关键业务都由顶尖人才掌控，顶尖人才聚集在那些能够使他们发挥最大作用的地方。普通公司则在无意中实行了平均主义。这些公司将一流人才不多不少平均分配到各个团队中，每一个团队都拥有相同数量的顶尖人才，每个团队在公司的角色也不会比其他的更重要。

12. 优秀人才离职的一种原因

优秀的人才拿了很高的工资依然要走，原因不是他对工资不满，而是他认为身边那个无能的人跟他拿的钱差不多。

五、把虚的企业文化做实

优秀的企业文化能够营造良好的企业环境，对内能形成凝聚力、向心力和约束力，形成企业发展不可或缺的精神力量，从而提高企业的竞争力。但是也有很多管理者认为，企业文化过于虚幻，并不能产生实际的价值。还有一些管理者虽然认可企业文化的价值，但是苦于不知道如何落地。

1. 阿里巴巴与腾讯的风格差别

很多阿里巴巴前员工创办的公司在企业文化方面都有一些共性，有些人把这称为长征文化。他们往往目标远大，讲究战略性，提倡个人牺牲精神，倾向于在业务上大量投入人力与时间。

而腾讯的离职员工创办新企业则更注重减少产品投放市场的时间，他们通常会先发布产品，然后再逐步完善，这种策略常被人称为小步快跑。

2. 企业文化要靠细节落地

风投大佬，同时也是畅销书《创业维艰》的作者本·霍洛维茨说："企业文化一定要体现在具体细节中。"

举例说，比如某个企业的文化是尊重创业者，那么它就得规定所有同事和创业者开会时不得迟到，迟到一分钟重金罚款。会议中，你有重要的电话要打就要交很重的罚款。再比如亚马逊的企业文化有一部分要保证低价，于是所有员工包括高管，桌子都是用廉价的门板改做而成的。老板不能天天喊节约成本，却当着员工的面生活奢靡。

3. 上行下效的企业文化

企业文化说到底是一个上行下效的行为模式，70% 的影响来自企业的高管。不是只有中国是老板文化，全世界都是。

一个领导的行为会极大影响公司的企业文化，但是对于领导而言，要规划好什么样的行为才是"好"的行为。美德不能塑造好的企业文化，而是合适的美德才能塑造好的企业文化。比如说在一家成本控制性的公司中，如果晚上有人离开公司时忘记关灯了，老板早上到公司的第一件事就是把灯关掉。但是如果这是一家奢侈品公司，这种行为和动作就会适得其反。

4. 如何维系强大的企业文化

关于如何维系强大的企业文化，《哈佛商业评论》提出了两种方法：第一，企业文化可以在公司愿景书和员工职位描述中阐明；第二，招聘的时候，注意去招聘那些认同公司价值观的人，并且对做出符合公司价值观行为的员工进行奖励。

5. 企业中的部落文化

一个企业中的部落文化分为五个阶段，由低到高分别是：充满敌意和仇视、感觉无意义的第一阶段；冷漠、被动、喜欢抱怨的第二阶段；骄傲、自恃、"我最棒"的第三阶段；追求团队荣誉的第四阶段；希望改变历史的第五阶段。

处在第一阶段和第五阶段的公司都非常稀少，近50%的公司处在第三阶段。

6. 兔子和狼的理论

史玉柱和马云谈到公司中的兔子和狼的问题，他们认为兔子对公司危害更大。为什么兔子对公司危害更大？

因为坏人有坏人的行为表现，周围的人能察觉，会警惕、提防他。大家有了提防，他造不成太大危害，或者造成的危害只是一时，危害不持久。而兔子人缘好，讨大家喜欢，但他不出业绩。兔子最爱繁殖，生出大量小白兔，霸占着岗位、资源和机会。如果一个公司大量核心岗位被兔子霸占，形成了"兔子窝"文化，就失去战斗力，失去市场机会和创新力。

7. 组织的文化惯性

麦肯锡有一个调查，它做的战略咨询能成功落地的只有16%，84%是白做的。原因是管理创新没跟上。为什么没有跟上呢？

很多公司战略创新了，但依然延用原来的企业文化、管理理念和管理体制来支撑新的战略。即使是拥有公司最大权力的人，对组织本身也有无能为力的时候。组织有自己的惯性，要想改变它会非常难。

8. 好人文化与低效率

奈飞（Netflix）CEO 里德·哈斯廷斯（Reed Hastings）说："自己在管理创办第一家公司时犯下了一些错误——发展的速度非常快，但管理非常混乱。"他自己不愿实事求是地指出别人的不足或失误，总是满怀善意，非常顾及别人的感受。可能会对员工感到失望，但不会告诉他们。

后来哈斯廷斯花了很长时间才鼓起勇气做到实事求是，以及接受别人直言不讳的建议，才有了今天如日中天的奈飞。

9. 管理中的鲶鱼效应

以前渔民到深海捕鱼，捕到的大多是沙丁鱼。渔民从捕到沙丁鱼到运回港口售卖，有很长的一段距离，沙丁鱼往往坚持不了这段距离，还没回到港口就死了。而死的沙丁鱼和活蹦乱跳的沙丁鱼卖的价格通常差别很大。于是渔民想了各种办法来让沙丁鱼保持活力，但都不奏效。有一个渔民，他的沙丁鱼却常常能够在回到港口后依然保持活力，于是都能卖出高价。他的秘密就是，在沙丁鱼里放一只鲶鱼。沙丁鱼看到鲶鱼后害怕被吃掉，于是拼命逃窜。这段时间足够渔民将沙丁鱼运回港口，于是保持了沙丁鱼的新鲜程度。

因此，组织中设立一个对其他成员有危险性的成员，让成员随时保持警惕，反而有可能保持组织的活力。

10. 主席台的保留与集权文化

我在杭州考察一个大型企业，听高管们谈到一个关于主席台的问题。以前企业等级制度非常明显，下面的人不敢放手做事。后来董事长做了一件事情，把开会的主席台撤了，自己跟员工一起坐在台下听，轮到谁谁就上去。这点对员工触动很大，改革的效率一下子提高了很多。

11. 方洪波的美的文化变革

美的 CEO 方洪波在变革美的文化时说过一句话：改掉一万个细节，整个组织的文化或许才能改善。

比如以前在美的集团大楼，高管们曾有一部专用电梯，方洪波取消了这项特权；在发现高管秘书会提前按电梯等老板来时，方洪波斥责了这些秘书，然后规定公司副总裁以下不得配备秘书，以前公司总监就可以配秘书；公司原来的 300 多间高管独立办公室被削减到不到 30 间；高管的"小食堂"也被取消等。

第九章 投资思维与其他

Xin Shangye Siwei

投资是一门艺术或技术，是一个尽人皆知的命题。巴菲特、索罗斯以及罗杰斯等投资大师对投资都给予了不同的解释。成功的投资人必须拥有：智慧、经验、勤奋，当然直觉、想象力、灵活性和感知未来的能力都是不可缺少的。

一、一些投资理念

投资理念是体现投资者投资个性特征，帮助投资者开展决策和行动的基本判断标准和价值观。

1. 投资的时点

很多人会疑惑到底什么时候才是投资合适试点。看到一个新事物就疯狂去投显然不是一个明智的决策，而如果等大家都投了再去投，已经错失了良机。

一个新事物出现后，如果周围朋友有 10% 的人开始用了，就可以关注和投资；当有 20% 的时候就说明要开始引爆了，这个时候投资已经有些迟了。

2. 投资预测的无效性

投资人吴军提出过一个观点：任何好的投资人都不会去做预测，因为没有人能预测准。他说世界上有两种投资人，一种是做预测的人，一种是做反应的人。而从信息论和数学角度就能证明，预测是没有用的。

美国 70% 的投资机构，回报都不如市场平均水平，经济专家对经济形势的预测也有一半左右是错的。这些人之所以还在做预测，就是为了混口饭吃。所以，更明智的做法是对市场及时做出反应。

3. 反人性投资

目前尽管中国市场做风投的一波又一波，但是全中国所有的 VC 加起来赚到的钱都不如南非一个叫 MIH 的公司赚得多。2000 年时，MIH 以 2200 万美元的价格从 IDG 和盈科数码手中买了腾讯 45% 的股份，到今天 MIH 仍持有腾讯 34% 的股份，按照腾讯两万亿港币的市值，MIH 持有价值超过 7000 亿港币，全中国所有的 VC 加起来估计也没有赚到这么多。

著名投资机构 IDG 曾经投资了腾讯，后来又很早卖掉了。著名投资人蔡文胜曾经问 IDG 的周全，为什么要在当时卖掉腾讯的股份。周全回答说："我们从 1996 年成立 IDG 基金，到 2001 年手里一百多个项目，我要给 LP 一个好的投资回报，而当时回报最好的就是腾讯，所以只好卖掉腾讯。"这就像你买了很多股票，需要钱的时候往往把最赚钱的卖掉，把那些暂时亏的反而留着，这是人性。

这给蔡文胜很大启发，他自己一般都是把赚钱的先卖掉。所以他觉得投资有时候一定要运用反向思维。

4. 投资者主要靠直觉投资

绝大多数很厉害的投资大佬，基本上初次判断都是靠直觉，最终的结果投与否，80% 以上也都跟初次判断的直觉结果差不多。

你如果跟一些投资界老大见面聊一个小时，他投你也就投了，不投也就不投了。他们不会聊完之后再去做各种分析，然后跑来告诉你说投你。

5. 资本收入与劳动收入

对比房价与实体经济，很多人抱怨说这个资本世界越来越看不懂了。"资本收入"正在以空前的速度积累财富，而"劳动收入"创造的绝大部分财富，正在被资本吞噬。

很多曾经强大的实体经济企业正在成为"卖火柴的小女孩"，而曾经弱小的金融企业一夜之间成为"卖女孩的小火柴"。现在的你，无论从事什么，一定要尽快掌控一些"资本"，通过资本的配置来积累财富。

6. 复利效应

在风险投资行业里最重要的一个观点是复利效应。复利效应认为，每天哪怕只有极其微小的进步，但只要有耐心，每天都能在同一个方向上持续地进步，就会收获巨大的成果。

很多人做不到复利效应，主要有两个原因：第一，没有立大志，老是在原地做；第二，没有持续、稳步地做。晨兴资本的刘芹说："我碰到太多比我更聪明的人，不够坚持；我碰到太多能力比我强的人，不愿意做小事。我过去十几年其实每天都在做很小的事情，我只是连续做了十六七年。"

7. 本福特定律

德意志银行的金融科学家们开发出一个模型，可以通过挖掘公司的海量数据来帮助投资者发现问题。这个模型使用了 1938 年物理学家弗兰克·本福特发现的一个定律：随机选择一些数字时，首位数为 1 的数字往往比首位数为 2 的数字更常见，首位数为 2 的数字比首位数为 3 的数字更常见，以此类推，首位数越大出现的概率越小。以 1 为首位数字的数的出现概率约为总数的三成，接近期望值 1/9 的 3 倍。

它可用于检查各种数据是否存在造假情况。从财报中随机抽取一组数据，如果不符合本福特定律，那么这家公司可能从事了某种不合规的财务行为。

8. 微软大价钱收购 Linkedin 值不值

微软在 2016 年花了 262 亿美元的巨资收购了 Linkedin，很多人觉得不值。到底值不值呢？

长期以来，微软的产品是产品，使用者是使用者，二者分离，没有实现连接价值。收购 Linkedin 之后，就等于获得了社交关系图谱。这样，微软的 Office，ERP、CRM 等企业级解决方案服务就能开发一些之前难以实现的功能，比如：如果你正在做的项目遇到了一些难题，Office 可以直接连接到 Linkedin，并为你寻找对应的专家帮你解决问题；此外，

Linkedin 的信息流也可以根据用户正在做的项目推荐适合的文章，这样与用户的连接大大加强。

另外，一般做得好的美国企业级营销公司，其标准是获客成本与该客户产生价值的比值在 35% 以内。而 Linkedin 将这一比值维持在 15% 左右，效率远超同类企业级公司。

9. 投资是个艺术活

巴菲特认为，投资是个艺术活。有的人稍微一点拨就学会了，有的人怎么学也学不会。很多公司会雇一堆人来研究股票，在巴菲特看来，这种做法没有意义，因为懂得投资艺术的人非常少。

同样，企业也是如此，真正懂得产品艺术、营销艺术、管理艺术的人都是少数。

10. 巴菲特为何投资苹果

尽管 2016 年苹果在中国掉粉严重，但是股神巴菲特却还是选在 iPhone 7 上市前增持了苹果股票。

巴菲特之所以愿意碰苹果，在于苹果的现状符合他本人长期以来的股票投资定律：①巨大的投资机会来自优秀公司被不寻常的环境所困，这时会导致这些公司的股票被错误的低估。②当一些大企业暂时出现危机或股市下跌，出现有利可图的交易价格时，应该毫不犹豫地买进它们的股票。

③如果对预估企业未来现金流量没有十足的把握，就不要去评估一家公司的价值。

11. 巴菲特为何可以做价值投资

尽管很多机构都知道要像巴菲特一样做价值、做长线投资，但是很多机构都做不了。为什么巴菲特可以做价值投资呢？

巴菲特的资金来源主要是保险金——伯克希尔·哈撒韦旗下拥有保险公司，所以资金成本低。而黑石这样的投资基金，资金都是来自于投资人，它只有创造非常高的回报，才能源源不断地拿到钱，资金成本很高。在投资周期上，因为资金来源是长期的，巴菲特就可以坚持长期投资和价值投资。其他机构则由于资金成本压力的问题，无法真正做到长期投资。

12. 莫里兹的投资眼光

红杉资本的合伙人莫里兹是硅谷最成功的风险资本家之一。有一天，一个小伙子找到莫里兹，说自己想做搜索引擎业务。当时搜索引擎业务已经是一个"红海"，包括雅虎、微软和美国在线在内的商业巨头都斥巨资研发这一技术。这个小伙子和他的团队一没有钱，二没有经验，硅谷里其他十几个风险投资基金都没有搭理他们。

不顾别人的怀疑和耻笑，莫里兹坚持给这家企业 1250 万美元。这家企业就是后来的 Google。而 1995 年 4 月，也是莫里兹主导红杉投资雅虎近 200 万美元，成为雅虎的首家风险资本投资者，也是唯一的风险资本投资者。

13. 徐小平的投资与投人

著名投资人徐小平说，他们发展出的投资哲学是不投模式、不投数据、不投成长，他们就看人。他们也不投未来，只投过去这个人做得怎么样。后来演变成投人只投牛人；再后来演变成投牛人，而且只投二牛，就是看一个创业者的联合创始人怎么样。

他觉得，什么估值、模式、竞品，全都不靠谱，只有人才是最靠谱的。

14. 李嘉诚的战略眼光

美国股市在 2008 年的时候遇到了危机，互联网公司的估值大跌。但 Facebook 却逆势从李嘉诚那儿拿到了 5 亿美金的融资，并且给出了当时看起来不可思议的估值。所有人都认为李嘉诚犯傻了，被社交网络的概念给洗脑了。结果 2012 年 Facebook 上市的时候，李嘉诚的 5 亿美金已经翻了好几十倍了。

一旦你押对了宝，不管你今天花了多少钱，在未来都是便宜的。

15. 最大的收益在未来

《从 0 到 1》的作者彼得·蒂尔也是 PayPal 的创始人，该公司是 1998 年成立的。2000 年左右的时候，彼得·蒂尔通过对未来的情况分析发现：这家公司 75% 的价值都来自 2011 年及之后的日子。彼得·蒂尔相信持久性才是决定一切是否有价值的关键。

他现在投资的大部分科技公司，75% 的价值将来自于 2026 年及以后产生的现金流。所以他认为，投资之前首先要问的是：到那时候它们是否还存在？它们会有多成功？决定这些的市场结构是怎样的？

彼得·蒂尔被誉为投资界的思想家。1998 年创办 PayPal 并担任 CEO；2002 年将 PayPal 以 15 亿美元出售给 eBay，把电子商务带向新纪元；2004 年做了首笔在 Facebook 的外部投资，并担任董事；同年成立软件公司 Palantir，服务于国防安全与全球金融领域的数据分析。蒂尔联合创办了 Founders Fund 基金，为 Linkedin、SpaceX、Yelp 等十几家出色的科技新创公司提供早期资金，其中多家公司由 PayPal 的同事负责营运，这些人在硅谷有 "PayPal 黑帮" 之称。

16. 巨头们冲破产业边界的手段

尽管互联网行业已经呈现出寡头格局，而且包括腾讯和阿里巴巴在内的巨头在资本和投资层面也越来越活跃。但他们也不可能所有事情都能做，即使做也不一定做得好。

这个时候，巨头们采取的方式就是投资。比如腾讯就通过投资的方式去布局自己的生态，它选择投资京东而不是自己做电商，投资搜狗而不是自己做搜索，投资滴滴和美团，而不是自己做出行与餐饮的 O2O。

二、投资机会在哪里

发现投资机会说难也难，说不难也的确不难。很多机会摆在面前好像是很好的机会，但是实际上可能只是一个表象或者烟幕弹。我们要真正找到好的投资机会，要对大势有了解，对基本的商业本质要把握。

1. 靠近互联网大佬进行投资

按照投资人朱啸虎的统计，在美国互联网经济圈里，Facebook、Google 和 Amazon 三大巨头只占 60% 的美国互联网公司市值。而中国的 BAT 占据中国互联网公司市值的 90% 以上。

因此，创业公司不和 BAT 合作是没戏的。同时要和 BAT 合作，必须有 BAT 看得上的独特价值。

2. TMT 的融合

投行和投资圈一直把"TMT"当作一个约定俗成的行业范围，前面 T 是技术，中间的 M 是媒体，后面的 T 是电信。把三者连在一起其实很有远见，AT&T 收购时代华纳的行为，让我们发现这三者已经越来越交融，越来越没有边界。

3. 为何新能源和生物制药不是好投资

新能源不是好投资是因为基本上要依靠政府扶持，离开政府扶持，就很难盈利。松下幸之助曾经说过，任何一个好产品都必须能盈利，不能盈利简直就是对人类的一种犯罪。新能源目前所处的现状就是用了更多资源，而没有产生更好的东西。

生物制药不是好投资是因为生物制药对投资人来说投资太大，周期太长。任何一款处方药，从科研到上市，最后总投入大概需要 20 亿美元；从它的第一篇重要论文发表开始，到真正可以去销售，需要 20 年的时间。

4. 不建议投 P2P 金融

P2P 金融不建议投，原因很简单就是它本身不产生任何东西。美国人搞了 20 年的 P2P，全国只有 7 个左右，英国人发明了 P2P，现在也只有 10 个左右。而中国只用了两三年就冒出近 3000 个，集资了几万亿元，这里面浑水摸鱼的公司太多了。

5. 未来可能的投资机会

投资机会未来将主要存在于三个方面：

一是面向家庭的生意。原因很简单，产品要跟着需求走，需求跟着客户走，而客户围绕家庭走。未来围绕跟中产家庭有关的创新和高增长需求来做创业和投资。

二是由用户驱动的制造生意。这是因为一方面客户的需求越来越个性化，另一方面是技术上制造商现在可以根据大数据能力来对个性化制造能力进行快速响应。

三是 VR 和人工智能相关的生意。如芯片等硬件相关产业和 VR 相关的内容产业。

6. 互联网投资的转向

硅谷现在已经很少投纯互联网的公司，而把重点转向了智能领域。这几年，金融资本和物联网把人们的目光转移得太厉害了，是一件令人担忧的事情。

智能领域，意味着更多制造实体的结合。

7. 金融的风口

中国家庭资金有 72% 左右用于存款，而美国家庭的存款比例则大约仅为 13% 左右。这意味着什么呢？

如果一旦金融市场化，中国将会释放大量资金从银行到理财产品、股票和基金等，流入资本市场。未来二十年，将有几十万亿的资金。蚂蚁金服目前估值已经超过 600 亿，在全球创业公司中仅次于 Uber。蚂蚁金服只是提前吸收了其中一小点儿，这里还有大量的机会。

8. 中产阶级爆发后的商业机会

中国的机会可以参看一下当年美国的情况：当年美国中产阶级人数大爆发以后，引爆的第一个行业是海外旅游。这种情况和当今的中国很像，今天去世界上任何一个旅游胜地，只要在黄金假期，甚至在平常一定能碰到中国人。

当年美国爆发的第二个行业是金融服务，包括保险、理财的大爆发。因为人们开始有闲钱了，会用这些钱买理财产品，推动了早期股权投资。很多基金也是在 80 年代出现的，越来越多的人有钱了，开始拿出一部分钱进行额外的投资，间接推动了新的各种各样的基金的产生，包括股权投资市场的繁荣。

9. 支付的战场

2015 年年初，几千万元就能买到一张全国性线下收单的支付牌照，现在已经涨到了几亿元甚至十几亿元，而大佬们还在拼命购买牌照，例如京东收购了网银在线，万达收购了快钱，小米收购了捷付睿通，恒大收购了集付通，美团收购了钱袋宝。但是可怕的事实是，支付已经被支付宝和微信这两大互联网支付巨头垄断，从线上到线下全面延伸。为什么？

因为众多其他第三方支付缺乏自己的用户和消费场景。支付宝和微信根本不关心这些牌照的存在，人家只是自己玩着玩着，突然就发现其他玩家消失了。

10. 中国旅游业的投资机会

和索罗斯一起创办了量子基金的罗杰斯认为，当代最重大的成长领域之一就是中国的旅游业。由此他投资了中国的航空类股——国航、南航、东航、海航，除了廉价航空公司，其他的都投资了。

11. 从跨界到融合

未来的产业生态趋势会从跨界开始转向融合，从强调跨界打击、占领、颠覆到融合共生。

12. VR/AR 技术首先会在游戏领域

VR/AR 早期最好进入的领域就是游戏领域。原因很简单，因为游戏者是最需要设备搭建虚拟到现实桥梁的一类群体。实际上，世界上最火的 VR/AR 厂商，如 Facebook 收购的 Oculus、微软旗下的 Hololens 以及曾经最火的智能手机品牌 HTC 的 Vive，都把力量发力在游戏领域，这绝不是偶然。火爆全球的任天堂游戏 Pokémon Go 就是通过 AR 技术，让宠物小精灵们散布在现实世界的各个地点，让玩家去抓捕。

早期 VR 还是非成熟市场，客户若即若离。但是游戏用户对虚拟场景的沉浸度大，是天生的 VR 场景，整个游戏产业都在向 VR 转变。整体而言，我最看重的三个 VR 市场分别是游戏、教育培训及旅游。

13. VR 为何没有成为大众级消费品

VR 投资界火了很久，但是为何在实际消费领域还是很冷清呢？主要原因有三点：一是硬件成本过高；二是体验不舒适；三是内容制作门槛高，内容不够吸引人。

所以我要提醒那些想进入 VR 领域的中小创业者要谨慎，看你能不能耗得起时间，消费习惯不是短时间能改变的。

14. AR/VR 的共享模式

对于 AR/VR 设备而言，它们使用的场景是非常有限的，并不会像手机一样每个人随时都需要带在身上。这意味着想靠该设备取得跟智能手机一样的市场占有量几乎不可能。

而且无论 VR/AR 行业发展到什么样的高度，都不可能达到每一个有 VR/AR 体验需求的用户人手一台 VR/AR 设备和内容账号的地步。因此对于 AR/VR 设备而言，共享模式也许是一种商业思路。

15. 无人机的投资风险

无人机火了一段，但是马上就沉寂。究其原因，一是政策法规尚不明确，对低空飞行的管理，民航局的管理条例都不完善；二是技术上不够成熟；三是应用领域十分有限。个人并不看好无人机未来的个人应用市场前景。

三、杂论

这些杂论有的跟商业直接相关，有的没有直接的关系，但是对于从事商业人士来说，也能带来一定的启发。商业，不仅只在看似商业的领域发生。

1. 契约是商业文明的基础

过去，人们主要靠信仰获得约束，因为缺乏技术手段对人们进行有效的低成本监控。

今天，人们对滴滴、Uber 等共享模式最多的担忧在于司机与乘客之间契约精神的缺失。但是现在的技术手段，完全可以做到低成本的约束行为监控。技术代替了部分信仰承担的功能。

2. 全球财富报告数据

瑞士信贷银行研究所发布了《2016 年全球财富报告》，里面有三个数据有点意思：①全球前 1% 的富豪所拥有的财富超过了全球总财富的一半，达到了 50.8%；②到 2016 年，中国的成年人人口占全球的 21%，可拥有的财富只占全球的 9%，这个比例和拉丁美洲比较相似，拉丁美洲是 8% 的成年人口对应 3% 的全球财富；③ 2016 年中国内地的整体家庭财富大幅缩水，在缩水榜上排行第二。造成这种情况的原因一是由于人民币持续贬值；二是股权价格的调整导致了中国家庭财富的下降。

3. 贫穷会损伤大脑

美国《新闻周刊》上最近刊登了一项研究，结论是贫穷会伤害大脑。美国科学家跟踪采访在贫困和暴力中长大的孩子，结果发现这些孩子往往更缺乏感情、不喜欢跟人互动。做核磁共振扫描之后科研人员发现，孩子们大脑中负责感知判断的部分表现比较弱。

文章还提到，贫困家庭的孩子大脑中的脑灰质减少得更快。脑灰质的作用有多大？简单来说，它几乎存在于大脑的每一个角落，帮助我们处理信息。这东西一旦减少，就会导致孩子们的考试成绩普遍下降。大部分还在为温饱挣扎的家庭，生活条件都比较恶劣，而这样会影响孩子们分泌压力荷尔蒙。荷尔蒙释放的过程中，身体会一直处于亢奋状态，这意味着孩子们会一直感到"压力山大"，长此以往大脑干细胞的生长就会受到阻碍。

4. 结账时怎样快速找到排队时间最短的队伍

《纽约时报》发表了一篇文章探讨了一个每个人都很关心的问题：结账时怎样快速找到排队时间最短的队伍。

文章提供了三个方法：第一个方法是选择左侧的收银台，大多数人都是右撇子，一般会下意识地右转；第二个方法是尽量选择可以看得到收银员的收银台，如果收银员能看得到等待用户的数量，那么她会动作更快些；最后一个方法是观察收银员，一个动作麻利，话又少的收银员，应该成为首选。

5. 独裁者博弈

有个实验叫"独裁者博弈"，实验人员找两拨人，其中一拨人每人给 10 美元，然后让他们和另一拨人分享这 10 美元，随便几美元都可以。整个过程都是匿名在电脑上进行的。然后实验人员把一部分电脑的桌面背景设置成一双眼睛，另一部分电脑桌面就是普通的背景。最后的结果是，桌面背景有眼睛的那一部分人，88% 都选择了和对方分享这 10 美元，而普通桌面的那一部分人只有 55% 选择了分享。

这个实验说明，我们在被别人观察的时候就会更加自觉，特别注意自己的行为，为的是保持一个良好的形象，以便别人愿意和自己合作。

6. 一个国家的外国菜价格

在纽约你会发现别国菜的价格，基本上法国菜最贵，其次是意大利菜、日本菜。中国菜的人均单价基本只有日本菜的一半。为什么呢？

一个国家的国际文化声望及文化认可度，在一定程度上决定了菜价。比如美国早期的移民中，中国人基本上都是去挖沙干苦力的，而法国、意大利、日本早期移民过去的人基本上是中高产阶级，他们成为本国菜的第一批消费群体，这在一定程度上形成了美国人看待外国菜的初始印象。

7. 知识的半衰期

半衰期最早是一个物理学概念，用来描述同位素衰减的速度，比如碳 -14 衰减的速度，它的半衰期是 5730 年。医学知识的半衰期是 45 年，就是说大概过 45 年以后，有 50% 的医学论文会被证明是错误的，或被淘汰。

而随着互联网的快速变化，知识的半衰期正在越来越短。互联网本身的知识半衰期不到一年，比较牛的互联网大佬，一年思想甚至可以迭代三次。知识越来越多，全世界每天有4000本书出版，超过4亿个字；纽约时报一天的文字量等于牛顿同时代的人一生的阅读量；一个专业领域，每天大概有200个公众号正在注册，有近1000篇文字正在产生。在这种情况下，知识的教育体系存在着极大的问题，例如我们大学基本上主体的学习还停留在三个层面：①过时的知识；②可被技术替代的工具类知识，比如语言；③可被搜索引擎颠覆的知识。

8. 专家凭什么收费高

一些人在接受专家咨询时，往往对专家时间花那么少、收费那么高心存质疑。

给你讲一个故事：毕加索在马路上碰到一个老太太，老太太很崇拜他，走上前对他说："我很喜欢你的画但根本买不起，我也知道你很忙你就随便画两笔送给我做个纪念可以吗？"毕加索听了后说："好吧。"他拿出笔来用大概二十秒画了一个东西给了老太太。老太太道谢后刚要走，毕加索把她叫住说："放好，这画要值上百万的。"老太太大吃一惊说："你就用了二十秒钟，能值这么多钱？"毕加索说："不是二十秒，是五十年加二十秒。"

9. 刷朋友圈为何停不下来

"刷朋友圈"很多时候是一种"信息焦躁"的体现。当我们一段时间没有获得新的信息——可能一两天，几个小时，甚至可能几分钟，因人而异，我们就会陷入一种莫名的焦躁感中。这种焦躁与"无聊""空虚"很相似，但又全然不同。它跟我们所处的状态没有太大的关系，仅仅是因为大脑长时间得不到"新鲜的刺激"罢了。

我们早已习惯了这个信息爆炸的时代，习惯了不停地在身边的环境寻找新鲜事物来刺激大脑，让它长时间保持活跃。所以一旦缺乏这种刺激，大脑就会变得疲倦。这几乎可以称为"信息成瘾症"。我们长时间地刷媒体、社交网络，未必是因为这些信息对我们真的有用。很多时候，只是因为这个过程能够持续不断地产生新鲜刺激，让我们的大脑变得活跃，认为"没有受到抛弃"，仅此而已。

10. 虚拟社会的民族主义

网络民族主义、网络政治人、虚拟社会的政治生态的确值得关注。事实上，不管是政治还是商业，网络现在已经越来越像一个社会，并且对真实社会产生的影响已经越来越大，对政治家的考验也越来越大。

虚拟社会并不虚拟，堵或放任都不是好的管理虚拟社会的方式。

11. 奥巴马的学术成绩

奥巴马任期最后一年内，自己撰文在三个顶级学术期刊发表了三篇论文，分属新能源领域、法学领域和医学领域。

这个成绩，很多全职的大学教授、专家学者们都很难做到。

12. 关于语速的控制

日常说话演讲，如果想表现出自己的信心和沉稳，要讲慢一点；如果想说服对方，要讲快一点。

13. 假期越来越短的事实

唐朝时，一年有多达 53 天的国定假日，到宋朝时为 54 天。但到元朝，一下锐减到 16 天，明清更少。到今天，国务院规定的法定假期是 11 天。

由于平时工作节奏太快，对于很多人而言节日只不过是"不用上班的日子"，毫无节日气氛。习惯了高强度的工作节奏之后，在假期，人们已经变得很难平静下来，度假也安排得像工作一样分秒必争。

14. 迪士尼效应

经济学上有一个现象叫"迪士尼效应"，是指经济越是萧条，失业人数越是上升，假期越是延长，迪士尼的客人就越多，娱乐业也越发达。相反，在经济上升期，人们疲于奔命，反而少有娱乐时间。

15. 球队的翻译

美国有两个著名的球队，一个是西部加州的橄榄球队叫"旧金山 49 人队"，一个是位于东部宾州的篮球队叫"费城76 人队"。很多人看到这两个名字都很疑惑，球队怎么会这么多人？其实，这两个球队在中国的翻译都是错的，最开始的翻译者并不了解美国的历史。

forty-niner（49 人）是指 1849 年在旧金山淘金开拓西部的这批人的统称，是年份，而不是人数。同样，76er 也不是人数，而是纪念在 1776 年在费城签订《独立宣言》那批人。因此，"旧金山 49 人队"的准确翻译应该叫"旧金山开拓者队"或"旧金山淘金者队"，而"费城 76 人队"应该翻译为"费城先贤者队"。

16. 再看科举制度

历史教科书里抨击科举制度的话太多，其实，它对形成中国统一的大国格局功不可没。为什么呢？

一是科举制度使得平民有向上的通道，自科举制度建立起来后，各王朝的很多总理、部级干部都是通过科举制度上去的平民。通过这种向上晋升的通道，形成了一种全国性精英分子的向上凝聚力。平民会觉得这个国家是属于自己的，有归属感。

二是科举制度中关于"吏不可转官"的制度安排。吏是普通政府公务员，真正做官的只能是在科举考试中的进士及以上。而且不论吏做得多好，吏都不可以转官。换句话说，官只能是朝廷委派，而不能从地方自己产生。这样就不会造成当官做吏的都是本地人，造成各地分割。所以你会观察到一个现象，自隋朝结束四分五裂之后建立科举制度，中国再无战国、南北朝那样诸多小国林立，四分五裂的情况了。

另外，科举制度时代中国的阶层上升机会实际上有三种：一是科举；二是战争；三是官僚世袭。这种多通道使得朝代相对比较稳定，而罗马帝国自凯撒大帝之后，晋升通道只有一个——战争。于是，大帝国就四分五裂了。

致　　谢

从一开始自己在个人公众号上的自言自语，到后来间或有几个 MBA 学生去看，再到后面不断有人开始关注，直到现在能把 10 个月的碎片化思考变成铅字，我从中体会到了坚持的快乐，也获得了思维上的提升。

很多时候，我们看完一篇长文甚至看完一本书，留在心里的不过是一两句话或者几个词。我坚持每周写 15 条碎片化思考，本意上一是作为自己的学习笔记，二是给阅读的人节省时间。因为这个原因，这本小册子上的讨论不可能做得面面俱到，细致深入，很多只能点到为止，借此激起阅读者的思考。

感谢游读会的信任，也感谢企业管理出版社的支持，让这本书得以快速呈现在读者面前。

在本书形成过程中，我的一位读者——李世平，在前期义务帮我整理了 40 期的资料，并进行了初步分类，在此要特别感谢。

本书的资料在累积过程中，聆听了很多商界名人的演讲和访谈，阅读了很多大咖的文章，很多观点都受到了他们的影响，在此一并感谢。

本书成书较仓促，错误之处在所难免，敬请读者朋友们批评指正。

刘国华

2017 年 6 月